历史学的实践丛书

历史学的实践丛书

什么是知识史

What is the History of Knowledge?

〔英〕彼得·伯克（Peter Burke）著

章可 译

北京大学出版社

著作权合同登记号　图字：01-2016-4372
图书在版编目（CIP）数据

什么是知识史 /（英）彼得·伯克著；章可译 . —北京：北京大学出版社，2023.5
（历史学的实践丛书）
ISBN 978-7-301-33873-5

Ⅰ.①什⋯　Ⅱ.①彼⋯　②章⋯　Ⅲ.①知识学 – 思想史 – 世界　Ⅳ.①B017

中国国家版本馆 CIP 数据核字（2023）第 069730 号

What is the History of Knowledge?
Copyright © Peter Burke
Simplified Chinese edition is published by arrangement with Polity Press Ltd., Cambridge
All Right Reserved

书　　　名	什么是知识史 SHENME SHI ZHISHISHI
著作责任者	〔英〕彼得·伯克（Peter Burke）著　章　可译
责任编辑	修　毅　李学宜
标准书号	ISBN 978-7-301-33873-5
出版发行	北京大学出版社
地　　址	北京市海淀区成府路 205 号　100871
网　　址	http://www.pup.cn　新浪微博 @ 北京大学出版社
电子邮箱	编辑部 wsz@pup.cn　总编室 zpup@pup.cn
电　　话	邮购部 010-62752015　发行部 010-62750672 编辑部 010-62752025
印 刷 者	三河市北燕印装有限公司
经 销 者	新华书店
	650 毫米 ×965 毫米　16 开本　12.5 印张　136 千字 2023 年 5 月第 1 版　2024 年 12 月第 3 次印刷
定　　价	48.00 元

未经许可，不得以任何方式复制或抄袭本书之部分或全部内容。
版权所有，侵权必究
举报电话：010-62752024　电子信箱：fd@pup.pku.edu.cn
图书如有印装质量问题，请与出版部联系，电话：010-62756370

献给胡安·迈瓜斯卡（Juan Maiguashca）
纪念我们长达半个世纪的对话和友谊

目 录

第一章 各种知识及其历史　　1
1. 学术史　　4
2. 什么是知识?　　8
3. 复数的知识　　10
4. 历史学和它的邻居们　　13

第二章 基本概念　　23
1. 权威和垄断（Authorities and monopolies）　　23
2. 好奇心（Curiosity）　　26
3. 学科（Disciplines）　　28
4. 创新（Innovation）　　30
5. 知识分子与博学家（Intellectuals and polymaths）　　32
6. 跨学科性（Interdisciplinarity）　　34
7. 知识管理（Knowledge management）　　35

8. 知识社会（Knowledge society） 37
　　9. 知识的秩序（Orders of knowledge） 39
　　10. 实践（Practices） 44
　　11. 职业化（Professionalization） 46
　　12. 无知机制（Regimes of ignorance） 49
　　13. 情境中的知识（Situated knowledge） 50
　　14. 思想诸方式（Styles of thought） 53
　　15. 被压制的知识（Subjugated knowledge） 54
　　16. 默会知识（Tacit knowledge） 58
　　17. 知识的工具（Tools of knowledge） 62
　　18. 传统（Traditions） 63
　　19. 翻译知识（Translating knowledges） 65

第三章　过程分析 69
　　1. 客观性的尝试 70
　　2. 四阶段 72
　　　（1）收集知识 73
　　　（2）分析知识 88
　　　（3）传播知识 116
　　　（4）应用知识 146

第四章　问题与前景 159
　　1. 问题 159
　　　（1）内部与外部之争 160

（2）连续性与变革之争　　161

　　（3）时代误植　　164

　　（4）相对主义　　167

　　（5）胜利主义　　169

　　（6）建构主义　　172

　　（7）个体与体系　　175

　　（8）性别　　177

2. 前景　　181

进一步阅读书目　　187

时间表：知识研究重要著作和大事年表　　189

第一章

各种知识及其历史

着眼当下,如果说"知识史"还不存在的话,那么就很有必要将它发明出来,尤其是为了将最近的"数字化革命"放在一个长时段变革的视野中加以定位。在漫长的过去的某些时间点上,人类已经历过知识体系的重大变革,这都有赖于新技术的出现:比如书写行为的最初出现,在美索不达米亚、中国或是其他地方;又比如印刷术的发明,尤其是东亚的雕版印刷和西方的活字印刷;还有当代,在我们有生之年的记忆里,计算机的出现,尤其是个人电脑,以及互联网的兴起。类似这样的变革会产生无法预料的结果,或好或坏。就像我们对互联网这个例子都很有感受,这种新式的交流媒介给我们带来了很多希望,也提出了挑战。由于全球化和新技术的推动,我们的知识体系正在经历重建,为了找寻方向,我们最好还是求助于历史。

很幸运,知识史研究确实存在,有关的论著近年来也不断涌现。在20世纪90年代初期,当我开始写作《知识的社会史》(*A*

Social History of Knowledge）之时，我觉得自己这种学术兴趣多少有些孤单。然而，当下的世界学术圈已经成为一个国际性的"学术共和国"，里面有数百万公民，以至于当某人想到一个很有前景的研究课题或是一个新的研究取向时，我保证他很快就会发现另一地方的学者或团队已经有了同样的认识，或至少是很接近的认识。无论如何，当下对知识史的研究显然是个新潮流。

确实，直到最近，知识史——与后文会谈到的知识社会学不同——还被视为是一种新奇的甚至古怪的话题。身兼管理学理论家和未来学家于一身的彼得·德鲁克（Peter Drucker）在1993年还断言，"现在还没有知识史这门学问"，他预测在"将来的几十年里"这个研究领域会变得很重要。[1] 但是，这一次他的预言来得有点慢了，在那个时期，许多学者已经对知识史产生了浓厚兴趣，我们可以看看这些书的标题：《知识就是力量》（Knowledge is Power, 1989）、《知识诸领域》（Fields of Knowledge, 1992），还有《殖民主义和它的知识形式》（Colonialism and its Forms of Knowledge, 1996）。[2] 自20世纪90年代以来，知识史已经从历史学领域内的边缘转移到了中心，尤其是在德国、法国和英语世界。就像本书后的"时间表"所展示的那样，有关知识史的书籍在最近二十年出版得

---

[1] P. Drucker, *Post-Capitalist Society*, Oxford 1993, 30.

[2] R. D. Brown, *Knowledge is Power: The Diffusion of Information in Early America, 1700-1865*, New York 1989; F. K. Ringer, *Fields of Knowledge: French Academic Culture in Comparative Perspective, 1890-1920*, Cambridge 1992; B. S. Cohn, *Colonialism and Its Forms of Knowledge*, Princeton NJ 1996.

第一章　各种知识及其历史

越来越多，其中也包括一些集体性的工作，比如《英国维多利亚时期的知识组织》(The Organisation of Knowledge in Victoria Britain, 2005)。①

目前最为卓越的集体性研究当数克里斯蒂安·雅各布（Christian Jacob）主编的两大卷《知识诸场域》(Lieux de Savoir)，据称还有两卷即将出版。这个标题让人联想到时下著名的诺拉（Pierre Nora）主编之大作《记忆之场》(Lieux de Mémoire)。但诺拉的书主要研究法国，而雅各布的编著则考察长时段内的全球历史，差不多是最近的两千五百年。②

起初学者们个人从事写作和出版，但近来这个领域研究正在变得"机构化"。知识史研究的学术团队正在建立，比如慕尼黑大学有一个团队关注"近代早期"，牛津大学也有一个；有些大学新设了相关教授职位，比如埃尔福特大学新设的职位名为"欧洲近代早期的知识文化"；还有新的研究中心，马克斯·普朗克科学史研究所1994年在柏林建立，苏黎世大学的知识史研究中心于2005年成立。③还有相关的课程，比如曼彻斯特大学的一门课名为"从古腾堡到谷歌：从中世纪到今日知识管理的历史"；集体性的研究项目正在运作，或者已完成，比如欧洲科研委员会就资助了一项对"有用和可

---

① M. Daunton (ed.) *The Organisation of Knowledge in Victorian Britain*, Oxford 2005.

② C. Jacob (ed.) *Lieux de Savoir*, 2 vols., Paris 2007-11.

③ P. Sarrasin, "Was ist Wissensgeschichte?" *Internationales Archiv für Sozialgeschichte der deutschen Literatur* 26 (2011). 此文可视为阐述该中心工作旨趣的一份宣言书。

信赖知识"之历史的研究。① 关于这个宏大主题方方面面的各种学术会议频繁召开。总体而言,知识史已经变成了一门"次学科",拥有自己的社群、学刊等。和知识本身一样,知识的历史也在爆炸,这有双重含义,一是它的迅猛扩张,二是它变得碎片化。

1. 学术史

尽管学院化的知识史研究出现是一个相对晚近的现象,但我们不应忘记,在过去几个世纪里,有些学者已经开始考虑知识史问题,甚至试图去写作知识史。作为哲学家、律师和政治家的弗朗西斯·培根(Francis Bacon)在他1605年的书《学术的进步》(*The Advancement of Learning*,之后有个更长的拉丁文版本 *De Augmentis Scientiarum*)当中就阐述了一个知识改良的计划,这是今日我们所说的"科学政策"的原型。培根说道,这个改良需辅之以一项对学术不同分支之历史的研究,探讨的是何时、何地、何种东西在被研究(在什么样的"学术场所和位置");知识如何旅行——"学问也会迁移,就如同人一样";它如何兴盛、衰落甚至失传;培根甚至提出了对学术的"多样的管理和控制",不仅仅在欧洲,而是"全世界皆然"。②

---

① P. K. O'Brien, "Historical foundations for a global perspective on the emergence of a West European regime for the discovery, development and diffusion of useful and reliable knowledge", *Journal of Global History* 8 (2013), 1-24.

② F. Bacon, *The Advancement of Learning* (1605: new edition, London 1915), 62, 70.

培根还抱怨道，当时还没有人试图去写这样的一部知识史，这比德鲁克要早三百五十年以上。尽管他启迪了一位年轻的牧师斯普拉特（Thomas Sprat），为新成立不久的皇家学会（Royal Society）写作了一部"历史"（更精确地说，只是一部描述），该书在1667年出版。培根的计划真正被付诸实践，先行者是18世纪的一些德意志学者，他们将其作品称之为"*historia literaria*"（在此涵义主要是"学术史"，而不是"文献历史"）。在那之后几十年，一部自觉的文化史出现了，作者也是德国人。① 在法国，启蒙运动的代表人物之一孔多塞（Condorcet）在他的《人类精神进步史表纲要》（1793—1794）一书中也强调了知识进步的重要性。

在19世纪的思想运动中，出现了一种将知识历史化的倾向，强调的是知识的发展或演化，通常被认为是"进步"。无论是人类世界，还是自然世界，都被认为存在这种系统性的变化。举例来看，查尔斯·莱尔（Charles Lyell）的《地质学纲要》（1838）划分出地球历史的不同阶段，而达尔文（Charles Darwin）的《物种起源》（1858）则通过"自然选择学说"来构建"进化"的观念。马克思（Karl Marx）认为人们的知识和思想是他们的社会地位和社会阶级的结果；而哲学家和社会学家孔德（Auguste Comte）感兴趣的则是历史和不同学科的分类，他曾试图说服法国教育部长设立一个研究科学史的教授职位，尽管最终未果。

---

① M. C. Carhart, "*Historia Literaria* and the science of culture from Mylaeus to Eichhorn", in P. N. Miller (ed.) *Momigliano and Antiquarianism*, Toronto 2007, 184-206.

到了20世纪初期，有一些大学开始引入孔德提倡的这种科学史研究，尤其是在美国。而德语世界的学者们则建立了一门新学问，考察的是谁在创造知识、不同种类的知识在不同社会中发挥哪些作用——无论是过去还是现在，这门学问被称之为"知识社会学"（*Wissensoziologie*）。① 自然科学的历史被当作其他种种学问历史的模型，包括社会的或"人类的"科学之历史，人文学术的历史，而最终则是广义上知识的历史。在德语中，今天我们可以谈论从学院化的"学术史"（*Wissenschaftsgeschichte*）向更为普遍化的"知识史"（*Wissensgeschichte*）的转变。② 在英语里，我们则将其看作"科学史"向"知识史"的转变。

这种转变其实是最近的事。它何以会发生？今日世界的变化经常会促使历史学家们用新的思路去看待和研究过去。举例而言，环境史研究很大程度上被对地球未来的讨论所推动。类似地，当下对于我们这个"知识社会"或者"信息社会"的争论也催生出相关历史话题的研究。③ 相对而言，今日历史学家们对这场讨论的贡献还是

---

① K. Mannheim, "The problem of a sociology of knowledge" (1925), English trans. in his *Essays in the Sociology of Knowledge*, London 1952, 134-190; R. K. Merton, "The sociology of knowledge" (1945), in his *Social Theory and Social Structure*, 2nd edn Glencoe IL 1957, 456-488.

② J. Schneider, "Wissensgeschichte, nicht Wissenschaftsgeschichte", in A. Honneth and M. Saar (eds.) *Michel Foucault: zwischenbalanz einer Rezeption*, Frankfurt 2003, 220-229; J. Vogel, "Von der Wissenschafts- zur Wissengeschichte", *Geschichte und Gesellschaft* 30 (2004), 639-660; Sarrasin, "Was ist Wissensgeschichte?".

③ F. Machlup, *The Production and Distribution of Knowledge in the United States*, Princeton NJ 1962; D. Bell, *The Coming of Post-Industrial Society*, London 1974.

第一章　各种知识及其历史

很小的，他们应该、也能够贡献更多。因为历史学家的社会功用就是帮助他们的公民同胞们从更长远的视野来看待现实问题，从而避免一种"偏狭主义"。

空间上的"偏狭主义"往往是为人们熟知的：即在"我们"（某人所在的社群成员）和"他们"（任何其他人）之间划出一条清楚鲜明的界线。但是，还有一种时间上的"偏狭主义"，即在"我们的时代"和整个未加区分的过去之间做出简单的区分。我们需要避免这种局限性的视野，比如可以把当下正在经历的数字化革命看成是人类整个知识革命序列中的最近一环。一些史家们正在回应这种挑战——将知识社会进行历史化的挑战。① 有位学者将18世纪的巴黎称之为"早期信息社会"，而另外两位则声称"美国已经为这个信息时代准备了三百多年"。②

在本书第四章中我们再谈延续性和革命的问题。这里只需指出，知识史其实也是从其他类的历史研究中逐步发展出来的，尤其是两类。第一是书籍史，在过去几十年里，书籍史研究的重心从对书籍买卖的经济史研究转变为对阅读的社会史研究和对信息传播的

---

① Vogel, "Von der Wissenschafts- zur Wissensgeschichte"; R. van Dülmen and S. Rauschenbach (eds.) *Macht des Wissens. Die Entstehung der modernen Wissensgesellschaft*, Cologne 2004.

② R. Darnton, "An early information society: News and the media in eighteenth-century Paris", *American Historical Review* 105 (2000), 1-35; A. D. Chandler and J. W. Cortada (eds.) *A Nation Transformed by Information*, New York 2000.

文化史研究。① 第二是科学史，而科学史之所以转向更为广阔的知识史，则是来源于三个挑战。

第一个挑战是，人们开始意识到，现代意义上的"科学"(science)这个术语其实是一个19世纪的概念，所以用这个概念去研究更早时代的知识创制行为就会导致一种"时代误植"，而后者是历史学家最忌讳的。第二个挑战则来自学术界对大众文化的研究兴趣与日俱增，包括那些手工艺、医疗术等实践性的知识。第三个同时也是最关键的挑战是"全球史"的兴起，人们需要去认识和讨论那些非西方文化的智识成就。这些成就可能不一定完全符合西方的"科学"范型，但它们毫无疑问是对知识的贡献。

2. 什么是知识？

至此我们可以小作总结，在过去几十年里，无论是学术圈内外都发生了一个知识论的转向。这种集合性的转向，就跟人文社会科学中其他转向（语言转向、视觉转向、实践转向等等）一样，也引发了一些令人犯难的问题。其中最明显的问题就是：什么是知识？这是一个哲学问题，但知识史的研究者们不能简单地把它甩给哲学家了事，而哲学家们总会有不同意见。比如对某位哲学家来说，生物有机体中与世界发生关系的任何形式都能成为知识。②

---

① J. Raven, *What is the History of the Book?* Cambridge, forthcoming.

② H. Plotkin, *The Nature of Knowledge*, Cambridge MA 1994; cf. N. Stehr and R. Grundmann, *Knowledge: Critical Concepts*, 4 vols., London 2005.

第一章 各种知识及其历史

在回答这个问题之前，有必要提到的是，有些历史学家——尤其是在美国，更愿意去谈论"信息"，比如《信息改变国家》或者《信息从时代中来》这些书。① 这可以说成了潮流，在2012年美国历史学会年会上，有两组发言的主题是"如何书写信息史？"以及"秘密的国家信息"。选择"信息"这个名词，而不是"知识"，反映出美国的经验主义文化。我们可以对比的是德国人对理论和"学问"（Wissenschaft）的关切。Wissenschaft 这个德语词在英语里通常被翻译成 science，但它实际所指更广，意思是系统组织起来的知识的各种不同形式。

在我看来，这些词都是有用的，尤其是将它们进行区分后。我们有时会听到这样的说法："我们被信息的海洋淹没"，但依然"渴求知识"。在艾略特（T. S. Eliot）1934年的剧作《岩石》当中，他就提出了如下之问，"当我们研习知识时，智慧被丢到哪里去了？"，还有，"当我们获取信息时，知识又哪里去了？"在此借用列维·斯特劳斯（Claude Lévi-Strauss）的著名比喻，我们可以把信息想象成"生的"，而知识则是煮熟的。当然，信息是"生的"只是相对而言，因为所谓"数据"并不是完全客观产生的，而是由充满预设和偏见的人类心灵感知和获取的。在本书第三章里我们会谈到，这些信息将被不断地再处理，被分类、批判、核实、评估、比较和系统化。在下文中，我们会在必要的地方区分"知识"和"信息"，然而，有时

---

① Chandler and Cortada, note above; D. R. Headrick, *When Information Came of Age: Technologies of Knowledge in the Age of Reason and Revolution, 1700-1850*, New York 2001.

候我会用"知识"来合称二者,尤其是在章节标题当中。

有些学者会关注信仰的历史(在法语中就是 *histoire des croyances*),一般来说聚焦的是宗教信仰。另一方面,信仰者会把他们的信仰看作知识。而对历史学家来说,他们通常被建议将"知识"的概念扩展,使其包括他们研究的个人或团体认为是知识的那些东西。因此,本书不会把信仰单独分开讨论。

3. 复数的知识

且先不论本书的标题,有个说法是,并不存在一种单数的"知识史"(history of knowledge),只有复数的"诸历史"(histories)和"各种知识"(knowledges)。当下知识史研究的繁盛局面使得这一点变得更加明显,与此同时,把各支各派统合起来的尝试也就变得更加有必要。所以,本书在这点上想仿照福柯(Michael Foucault)的例子,福柯总是以复数、而不是单数来书写"知识"(savoirs)。管理学理论家德鲁克也说"我们已经从知识转变到了各种知识的时代",而人类学家沃斯利则声称,"没有大写的单一知识,有的只是各种知识"。[①]

即使是在某个特定的文化之内,也会有不同种类的知识:理论的和实践的、抽象的和具体的、显性的和隐性的、学术化的和大众的、男性的和女性的、地方性的和普遍的,知道"如何做某事"和

---

① Drucker, *Post-Capitalist Society*; P. Worsley, *Knowledges: What Different Peoples Make of the World*, London 2007, 10.

第一章　各种知识及其历史

知道"某事是什么"也有不同。

　　近期有项对 17 世纪科学革命的研究试图对比 1500 年和 18 世纪的人对"什么是值得探知的"这一问题的看法，该研究强调的是从"知道为什么"到"知道如何做"的转变。① 实际上，"什么被认为是值得探知的"这个问题的答案在历史中因时间、地点、社会团体的不同而有很大变化。同样的问题还有"什么被认为是理所当然的"，比如说，"三位一体"的信条、巫术的有效性或者"地球是圆的"这一陈述。同样不断变化的还有"什么能构成对信仰的证实"，究竟是口头的证词、书写的依据，还是统计数字抑或其他。因此，近期学界兴起"知识文化"（cultures of knowledge，德语 Wissenskulturen）的说法，即包括知识的实践、方法、预设、组织和教学的形式等等。② 关于"知识文化"的研究极有助益，它使我们了解到，在一个特定的文化中，不同种类知识可能是共存、竞争或冲突的关系，尤其是在主流知识和被压抑的知识之间，比如，最近马丁·穆索（Martin Mulsow）对 18 世纪德国非正统宗教观念如何在私下流传的研究，就很好地展示了这一点。③

　　甚至"知识"这个概念本身也是随时间、地点而变的，首先在

---

①　P. Dear, *Revolutionizing the Sciences: European Knowledge and its Ambitions, 1500-1700*, Basingstoke 2001, 10-29, 168-170.

②　W. Detel and C. Zittel, "Ideals and cultures of knowledge in early modern Europe", in Detel and Zittel (eds.) *Wissensideale und Wissenskulturen in der frühen Neuzeit*, Berlin 2002, 7-22.

③　M. Mulsow, *Präkares Wissen: eine andere Ideengeschichte der Frühen Neuzeit*, Frankfurt 2012.

各种语言中就不同。在古希腊语中，*episteme*（认识）、*techne*（知道如何做）、*praxis*（实践）、*phronesis*（智谋）、*gnosis*（直觉）这些词的使用都有明确区分。在拉丁语里，也区分了 *scientia*（知识、知道是什么）和 *ars*（技艺、知道如何做），而 *sapientia*（来源于 *sapere*，意思是"去认识"）意为"智慧"，*experientia* 则指的是从经验中产生的知识。在阿拉伯语里，*episteme* 被翻译成 '*ilm*（复数形式是 '*ulum*，意为"诸种学问"，所以那些阿拉伯学者们被称之为 '*ulema*）。而 *gnosis* 的对译词是 *ma'rifah*，*sapientia* 的对译词是 *hikma*。① 在中文里，"知"指的是一般意义上的知识，而"实学"指的是知道如何去做。

在德语当中，同样也有对 *Erkenntnis*（经验知识，另有一旧词 *Kundschaft*）和 *Wissenschaft*（学院知识）的区分。在英语里面，*scientist* 和 *expert* 这两个词都是在 19 世纪早期才出现的，那是一个社会分工、专业化迅速加剧的时代。同时出现的还有指称普通民众之知识的一个词：*folklore*，这通常暗指的是低劣下等的知识。在法语里，最为人熟知的区分是 *savoir*（一般意义上的"知识"）和 *connaissance*（专门知识）。所以，法语里对不同类型"有知识的人"也有不同称呼，*intellectuels* 是公众性的知识分子，*savants* 主要是学院学者，而 *connaisseurs* 则指的是通晓艺术或酒的人士。

不同种类的知识之间的冲突经常会出现，比如，15 世纪初当意

---

① F. Rosenthal, *Knowledge Triumphant*, Leiden 1970; A. H. Hourani, *A History of the Arab Peoples*, London 1991, 158-171.

第一章 各种知识及其历史

大利米兰大教堂开始修建时，当地熟练的石匠们和主管工程的法国设计师之间就发生了争论，争论点实际上就是实践知识（*ars*）和理论知识（*scientia*）——尤其是几何学，究竟哪个更重要。在17世纪，职业医生们热衷于嘲讽那些助产士和民间医士们的实践知识。而在18世纪晚期，有位法国的磨坊主出版了一本小书，批评那些"博士们"（也就是*savants*），整日傲慢自大地想指点磨坊工和面包师们怎么做他们的本行。①

总之，就因为有这些个变化和冲突，知识史研究已经做了很多工作，将来还有更多的课题可以做。无论有关"观察"或是"描述"这样的实践，还是有关"客观性"这样的态度，都已经有论著问世。如果说有一种知识会是永恒不变的，那它只能是"智慧"，但我还要指出，有本即将出版的书就关注"智慧"的历史，或者说，它关注的是在漫长的历史时空变化中，何种东西被视作是"智慧"。②

4. 历史学和它的邻居们

如果有位历史学家刚准备开始关注知识史的话题，那他很快就

---

① J. Ackerman, "Ars sine scientia nihil est: Gothic theory of architecture at the cathedral of Milan", *Art Bulletin* 12 (1949), 84-108; J. Henry, "Doctors and healers: Popular culture and the medical profession", in S. Pumfrey, P. Rossi and M. Slawinski (eds.) *Science, Culture and Popular Belief in Renaissance Europe*, Manchester 1991, 191-221; S. L. Kaplan, *Provisioning Paris*, Ithaca NY 1984, 457-463.

② L. Daston and E. Lunbeck, *Histories of Scientific Observation*, Chicago IL 2011; L. Daston and P. Galison, *Objectivity*, New York 2011; T. Curnow, *Wisdom: A History*, London 2015.

会发现,来自其他许多学科的学者们对此领域早有贡献,这些学科"邻居们"或近或远。所以,我们就要讨论下所谓"学术部族和领地"的话题,从而将史家们所做的研究置入更大的一个学术版图当中。①

很多学科都把"知识"作为它们的研究对象和目的,这并不奇怪。所以知识史研究的邻居们包括社会学、人类学、考古学、经济学、地理学、政治学、法学、科学史和哲学史等(进一步说就是跨学科的认知研究,在本书第四章中会讨论)。同时我们也不能忘记大学门墙之外的群体,比如档案员、图书馆员、博物馆策展人等也都对我们所说的"知识研究"贡献良多。

在所有这些邻近的"学术部族"当中,最相近的应该是科学史。科学史研究以往更多关注伟大科学家的伟大观念,而现在则转向研究科学团体之类的体制,研究科学实验、观测等实践活动,研究实验室、植物园等场所等。知识史领域内大量的论著同时也可以被看作(新式的)科学史研究。另一个近邻是哲学。从古希腊时代开始,哲学家们就一直很关注知识论问题("知识论"epistemology 这个词本身就来自希腊语 *episteme*),他们提出的问题包括:什么是知识?我们如何认识事物?我们的知识是可靠的吗?在知识论的革新过程中,最突出的人物之一是福柯。他从哲学研究转向医学史,从研究疯癫和诊所的历史转向对知识和权力关系的普遍化反思。他的论断

---

① T. Becher, *Academic Tribes and Territories: Intellectual Enquiry and the Cultures of Disciplines*, Milton Keynes 1989.

第一章 各种知识及其历史

干净利落:"权力的运作不断地制造出知识,反过来,知识又不断引发权力产生新的效用。"① 培根在当年就意识到政府管理知识,但知识也赋予政府以权力,或者用他的话说,使政府"能够"统治,② 但他不可能说出更为简明的断言。

一直以来,社会学家们也很关注影响知识的社会因素,或是在某个特定环境中什么能构成知识。在20世纪20年代,在所谓"知识社会学"的第一波浪潮中,曼海姆(Mannheim)提出思想的"存在关联性"(*Seinsverbundenheit*)或"情境关联性"(*Situationsgebundenheit*)概念,换句话说,就是指"思想模式"和"特定群体的社会位置"之间的密切关系。这个想法是马克思"思想由社会阶级决定说"更温和、更开放的一个版本,正如曼海姆所说:"这里的'群体'不仅指的是阶级——就像教条式马克思主义者认为的,还包括同代人、同样身份的人群、宗教派别、同业团体、学派等等。"③

自20世纪70年代以来,知识社会学的第二波浪潮更为显著。④ 布尔迪厄(Pierre Bourdieu)对知识社会学的贡献在很多方

---

① M. Foucault, *Power/Knowledge: Selected Interviews and Other Writings, 1972-1977*, Brighton 1980, 52.

② Bacon, *Advancement of Learning*, 10, 70.

③ K. Mannheim, *Ideology and Utopia* (1929), English trans. London 1936, 239, 244, 247-248.

④ A. Swidler and J. Arditi, "The new sociology of knowledge", *Annual Review of Sociology* 20 (1994), 305-329; E. D. McCarthy, *Knowledge as Culture: The New Sociology of Knowledge*, London 1996.

面都延续了曼海姆的工作。布尔迪厄研究法国的大学体系,或者按照他的话来说,学院"场域"或"竞争场域",他分析了准入条件问题、场域中个体立场与学术权力的不同策略和形式之间的关系等。曼海姆曾提到,他赞赏那些敢于把自己的和对手的立场都视作社会分析对象的学者,而布尔迪厄就提出了一种"反思社会学"(reflexive sociology),试图以其洞察力审视他自己、他的同行们甚至是自然科学家们的工作。① 此外,在科学社会学中还有爱丁堡学派,他们提出的"强纲领"(strong programme)试图超越曼海姆,不但要解释自然科学中那些成功的理论,也要对不成功的理论进行解释。②

　　知识处于情境之中,这个看法本身也来自特定情境。举例而言,曼海姆在第一次世界大战爆发时还是个年轻人,他在奥匈帝国崩塌的时代中成长起来,这种崩塌的现实让当时很多人都质疑以往认为"理所当然"的事。而从福柯到布尔迪厄的知识社会学第二波浪潮,其实也和1968年5月在巴黎发生的那些著名"事件"分不开,那时候学生们不仅在大街上与警察搏斗,他们同样也在质疑整个学术体制。大概同时,女性主义的兴起引发了对于女性学者学术事业所遭遇障碍的分析,当然,更积极的一面是,引发了对女性"认知方式"

---

　　① Mannheim, *Ideology and Utopia*, 69; P. Bourdieu, *Homo Academicus* (1984), English trans. Stanford 1988; *Science of Science and Reflexivity* (2001), English trans. Cambridge 2004.

　　② D. Bloor, *Knowledge and Social Imagery*, London 1976.

第一章　各种知识及其历史

的研究，我们将在第四章里讨论。① 70年代学界的另一取向是"后殖民主义"思想家的崛起，他们试图对去殖民化进程进行反思，更确切地说是反思这一进程的局限性。萨义德（Edward Said）为福柯的知识权力关系论说提供了个案研究，他认为西方对"东方"的研究其实只是支配东方的一种方法。②

在研究法国之前，布尔迪厄先研究的是阿尔及利亚，他的论著同样也算是知识社会学或知识人类学的。我们又一次看到，社会学和人类学这两门学科也有所区别，社会学家们研究的是社会整体，他们对社会结构的多样性进行解释。相比而言，人类学家们则在乡村地区做田野调查，对他们的观察对象从事文化解释，其中包括他们以前所称的"人种科学"（ethnoscience）。正像语言学家们要在那些"濒危语言"消亡之前记录下它们那样，人类学家们——尤其是那些自命为"认知人类学家"的人们，也要记录下那些"濒危的知识"，比如说那些建筑工、铁匠、木匠们的专业技能。实际上，复数的知识，或者说复数性的"知识文化"，这些概念也是来自人类学家，就像文化多样性一样。当代最卓越的人类学家之一，挪威学者巴斯（Fredrik Barth）终其一生都在研究不同社会中的知识，从巴厘

---

① D. Haraway, "Situated knowledge", *Feminist Studies* 14 (1988), 575-599; L. Schiebinger, *The Mind has no Sex? Women in the Origins of Modern Science*. Cambridge MA 1989; M. F. Belenky et al., *Women's Ways of Knowing*, New York 1976; D. E. Smith, *The Conceptual Practices of Power: A Feminist Sociology of Knowledge*. Boston 1990; L. Alcoff and E. Potter (eds.) *Feminist Epistemologies*. New York 1993.

② E. Said, *Orientalism*, London 1978.

岛到新几内亚。①

但在最近,社会学和人类学之间的区分变得更加模糊了。例如,法国学者拉图尔(Bruno Latour)游走在人类学和科学史研究之间,他是"科学与技术研究"的领军人物,他倡导一种实验室里的"田野调查"(他本人研究生物化学实验室),为的是观察科学知识如何被制作出来。他使西方科学研究本身成为研究对象,如同特罗布里恩岛民(Trobrianders)或阿赞德人(Azande)那样——后两者正是20世纪二三十年代的经典人类学研究的对象。拉图尔甚至还撰写了关于法国最高法院的"民族志"。人类学家们的这种大胆行动会引发新的相对主义问题,我们在第四章里会讨论。②

考古学家们会对"史前"时代的知识和思想方式进行重建,而那时代是在书写系统发明之前。他们试图从物质遗存推断出知识和思想,从而也转向人类学,因为很多人类学家研究的社群与史前时代类似,但范围更小,技术水平同样比较简单。由此,"认知考古学"和认知人类学并行发展,利用认知科学的成果来寻觅那个"古

---

① R. D'Andrade, *Development of Cognitive Anthropology*, Cambridge 1995; Worsley, *Knowledges*; F. Barth, "An anthropology of knowledge", *Current Anthropology* 43 (2002), 1-18; N. Adell, *Anthropologie des savoirs*, Paris 2011.

② B. Latour and S. Woolgar, *Laboratory Life*, Beverly Hills CA, 1979; K. Knorr-Cetina, *The Manufacture of Knowledge*, Oxford 1981; B. Latour, *The Making of Law: An ethnography of the Conseil d'Etat*, Cambridge 2010. 对该问题的反思参见 Y. Elkanah, "A programmatic attempt at an anthropology of knowledge", in E. Mendelsohn and Y. Elkanah (eds.) *Sciences and Cultures*, Dordrecht 1981.

老的心灵"。①

在福柯的作品里，常常强调知识制作的"场所"，受这一点启发的不仅有历史学家，还有地理学家。② 在地理学中近来也有知识论的转向。最近有一项关于科学知识的地理学研究是个很好的例证。我们通常认为科学知识是（或至少声称是）普遍的，但它们却是在特定的环境中制造出来的，比如实验室以及特定的文化中。这项研究正是由这种"矛盾"所引发的。③

长久以来，经济学家们对于经济决策中信息扮演的角色一直很有兴趣，但从20世纪60年代开始，和其他学科一样，"认知转向"也在经济学中出现，由此，知识被当作资本的一种形式。举例来说，日本管理学理论家野中郁次郎（Ikujiro Nonaka）就认为，"知识创造型企业"更有创新力，也更有竞争力。有些经济学家将知识看作商品，可以被买卖，尽管有位学者承认"很难将信息看成一种所有权"。④ 这过程中的关节点出在法学领域。知识产权法——无论在美国、欧洲还是世界其他地方——都是法学中发展变化最快的部分

---

① C. Renfrew and E. Zubrow (eds.) *The Ancient Mind: Elements of Cognitive Archaeology*, Cambridge 1994. M. A. Abramiuk, *The Foundations of Cognitive Archaeology*. Cambridge MA 2012, 157-214.

② J. W. Crampton and S. Elden (eds.) *Space, Knowledge and Power: Foucault and Geography*. Basingstoke 2007.

③ J. Golinski, *Making Natural Knowledge* (1998), 2nd edition Cambridge 2005, 79-102; D. N. Livingstone, *Putting Science in Its Place: Geographies of Scientific Knowledge*, Chicago IL 2003.

④ I. Nonaka and H. Takeuchi, *The Knowledge-Creating Company*, New York 1995; K. J. Arrow, "The economics of information", *Empirica* 23 (1996), 119-128, 125.

什么是知识史

之一,新媒体的出现带来了很多"版权"的问题,以及围绕"专利"的争议,都需要知识产权法去应对。①

另一方面,政治学或政治科学对知识研究的贡献就比人们预想的要小很多。福柯作出了如此著名的有关知识和权力关系的论断,但对于政治学而言他只是个局外人。有趣的是,"知识的地缘政治"这个说法并不是由地缘政治学的专家提出的,而是出自一位文学教授米尼奥罗(Walter Mignolo)。而地缘政治学的导论著作很少谈"知识",尽管它会涉及地图或者公众意见这样的话题。②

同样,尽管信息对于政治和军事决策而言显然相当重要,和经济领域一样,但政治学的研习者们却将这研究推给社会学家、地理学家和历史学家。此观察当然也有例外,一个著名的例子是卫斯理学院(Wellesley College)的政治学教授罗克珊·尤本(Roxanne Euben),她在著作《通向他岸之旅》当中比较了伊斯兰世界和西方世界为了追寻知识的不同旅行。另一例是耶鲁大学政治学和人类学教授斯科特(James Scott),他的著作《国家的视角》批判了中央政府规划之下普遍的和抽象的知识,他尤其希望为一种"深埋于地方经验"当中的、所谓的"实践性知识"申辩。③对地方性知识的兴趣,通常会与对帝国主义和被压抑的、底层知识的关切联系在一

---

① L. Bently and B. Sherman, *Intellectual Property*, Oxford 2004.

② W. Mignolo, "The geopolitics of knowledge and the colonial difference", *Social Epistemology* 19 (2005), 111-127; K. Dodds, *Geopolitics: A Very Short Introduction*, Oxford 2007, 115-172.

③ J. C. Scott, *Seeing Like a State*, New Haven CN 1999, 309-341.

第一章 各种知识及其历史

起,这不是偶然的;这在以往被称之为"第三世界"的地区,非洲和南美尤为显著。举例来说,在马里的巴马科,当地已经建立起一个地方知识研究中心;而美国的西班牙语学者也热衷于此类话题,比如米尼奥罗和塔皮亚(Luis Tapia)。[1]

正如今日的记忆研究已经扩展到了它互补的对立面——对"遗忘"的研究,知识研究也正在试图去涵盖另一面——对"无知"的研究,这包括那些失落的或被有意拒斥的知识(本书第二章会讨论)。[2] 无需多言,本书作者也深受"无知"之苦。我对于"知识"的认知只能说是极为有限。相比于对西方的了解,我对西方以外世界的了解要薄弱许多;相比对学院知识的了解,我对大学以外知识的掌握很是可怜;当然,相比对人文学科,我对自然科学的了解只能说极少。尽管有这些局限,本书还是试图将知识历史的多样性展示出来。我们将从关键概念开始,接着考察信息如何被转化为知识——进而广为传播、被各种意图所用——的整个过程,最后我们讨论这个领域里时常会出现的问题,以及将来的前景。

---

[1] W. D. Mignolo, *Local Histories/Global Designs: Coloniality, Subaltern Knowledges and Border Thinking*, Princeton NJ 2000; R. J. C. Young, *Postcolonialism: A Very Short Introduction*, Oxford, 2003; L. Tapia, *La producción del conocimiento local*, La Paz 2002 (biblioteca.clacso.edu.ar/Bolivia/cidesumsa/20120906015335/tapia.pdf).

[2] R. N. Proctor and L. Schiebinger (eds.) *Agnotology: The Making and Unmaking of Ignorance*, Stanford, 2008; R. Wallis (ed.) *On the Margins of Science: The Social Construction of Rejected Knowledge*, Keele 1979; P. Burke, *A Social History of Knowledge* vol. 2 (Cambridge, 2012), 139-159.

第二章

基本概念

近期，知识研究进展迅速，知识史研究也在蓬勃发展，这导致新的概念不断出现。实际上，我们正在面对的是一整套新语言，甚至可以说是"行话"，所以编制术语表一类的东西就变得很有必要。接下来我们要做的只是这个方向工作的第一步，我们会讨论一些术语，这将会有助于我们阅读和书写知识史，甚至是对它进行反思。[①]由于是术语表，我们将按照单词首字母的顺序展开叙述。

1. 权威和垄断（Authorities and monopolies）

正如对殖民地景况之研究揭示的那样，知识可以是复数的，但各种知识之间并不平等，这指的是，它们并没有被平等地对待。有一些个人、团体或者机构（比如说教会、国家或大学）是"权威"，

---

① N. Stehr and R. Grundmann, *Knowledge: Critical Concepts*, 4 vols., London 2005，这是有关概念和批评的一本很有价值的选集。

意思是它们拥有力量将某些知识权威化或拒斥某些知识，或声称某些思想是正统／异端、有用／无用、可靠的／靠不住的等，实际上正是这些权威——在特定的时间和地点——在定义究竟什么算得上知识或者科学。①

众所周知，宗教裁判所就是这"权威"最好的例子，我们无需再多阐述，类似情况还可见斯大林统治下的苏联以及希特勒时代的德国。但在此值得多说几句的是作为个案的现代大学，布尔迪厄在其经典研究中详尽地对其进行了分析（主要讨论20世纪60年代的巴黎）。② 在意大利，有些学者被称作"大佬"（baroni），他们被描述成如"守门人"一般，控制着职位的任命、研究经费的分配，甚至是某个学术领域进入的门槛，他们声称做决定是基于学术价值或某种"正确的"学术观念，又或是资助关系的资格考量。另一些学者，被布尔迪厄称作"神圣的学界异端"，他们全身心投入研究，有很高的国际学术声誉，但在大学的领域里却权力很小。③

布尔迪厄卓越的分析中也带着令人意想不到的圆滑，他略去了这些学者的姓名，但要填上这些"空白"其实也不是太难。在60年

---

① T. F. Gieryn, "Boundary-work and the demarcation of science from non-science: Strains and interests in professional ideologies of scientists", *American Sociological Review* 48 (1983), 781-795; R. Wallis (ed.) *On the Margins of Science: The Social Construction of Rejected Knowledge*. Keele 1979; P. Burke, *A Social History of Knowledge* vol. 2, 151-159.

② P. Bourdieu, *Homo Academicus* (1984), English trans. Stanford 1988, 20-39.

③ Bourdieu, *Homo Academicus*, 40-48. 有关意大利可参见 D. Moss, "When patronage meets meritocracy", *Archives Européennes de Sociologie* 53 (2012), 205-230。

第二章 基本概念

代的巴黎，一个著名的学界"大佬"就是历史学家莫斯涅（Roland Mousnier），索邦大学的教授，他极力反对马克思主义学者和被称为"年鉴学派"的历史学家们。"年鉴学派"旨在撰写一种新式的历史，比起政治，他们更看重社会风俗，强调的是经济、社会和文化因素。这个学派的领袖布罗代尔（Fernand Braudel）则是另一个"大佬"，他很有个人魅力，但也很专断，他极富远见，一手建立起了学术帝国。布罗代尔是法兰西公学院的教授，独立于大学体系之外，某种程度上也可被视为布尔迪厄所说的"神圣的学术异端"。然而，他确实把法国高等研究实践学院第六部建成自己强大的学术基地，他还创办了跨学科的学术机构"人文之家基金会"（Maison des sciences de l'homme）。布罗代尔既擅长发现人才，也精于掌控他人的学术事业。他与另一位索邦的教授拉布鲁斯（Ernest Labrousse）达成了学术同盟，后者指导的博士学位论文有42篇之多，这是创纪录的数字。于是，他们对年轻一代产生了很大的影响。[1]

远在布尔迪厄之前，英国维多利亚时代的一位讽刺作家就借乔伊特（Benjamin Jowett）之口，用四行诗的方式阐发了"学术权威"的做派。乔伊特是那个时代的学界"大佬"，他是杰出的古典学家，也是牛津大学贝利奥尔学院的院长。

舍我其谁，我就是乔伊特，

---

[1] P. Burke, *The French Historical Revolution: The Annales School, 1929-2014*, 2nd edition Cambridge 2015, 36-72.

所有的知识，我都知晓，

凡我不知，就不算知识，

我乃是学院的主宰。

有一些权威，尤其是教会的精英，比如天主教神甫或是穆斯林中的"乌理玛"们，也试图建立对知识的垄断，或至少是某一特定文化中对最上层知识形式的垄断。根据加拿大经济史学家伊尼斯（Harold Innis）的说法，每一种传播的媒介都倾向于建立知识的垄断，伊尼斯认为这种垄断是极度危险的。但构成平衡的是，这种垄断在和其他媒介的竞争中往往不堪一击。所以，随着时间流逝，"人类精神不断在突破"。举例而言，中世纪僧侣们依靠羊皮纸文献建立起来的知识垄断，在纸和印刷术出现后就遭到了极大冲击，就像在象形文字时代古埃及祭司们掌握的"书写垄断"后来也被希腊人和字母系统击败那样。[①] 就伊尼斯本人的例子来看，他作为经济史学家对媒介之间竞争的兴趣，实际上和新教人士对"传教手段"的评判也很有关系——在开始他的学术生涯之前，伊尼斯曾计划成为一个新教浸礼会的牧师。

2. 好奇心（Curiosity）

好奇心、求知的冲动，或许是人类心理中一个恒有的特征。然

---

① H. Innis, *Empire and Communications*, Oxford 1950.

第二章 基本概念

而，对这种冲动的看法在过去的历史长河中却改变了许多，同样在不断改变的还有"好奇心"这个词以及它在其他语言里对应词（比如拉丁语 curiositas，意大利语 curiosità，还有德语 Curiosität 等）的涵义。亚里士多德的学问涉猎广泛，我们可以想见他对"好奇心"是持认可的态度，但其他的古典作家则会强调它的危害。在基督教早期时代，安布罗斯（Ambrose）强烈批评西塞罗（Cicero），因为后者认为天文学和几何学是值得研习的；而奥古斯丁（Augustine）则认为好奇心是一种会给人带来骄傲和自满的缺陷。对许多基督徒来说，夏娃和苹果的故事就是特别的、对女性好奇心会导致危险的警示。

对于好奇心，中世纪的哲人们一直在亚里士多德的正面看法和奥古斯丁的负面看法之间游移。直到文艺复兴时代，亚里士多德式的看法占据上风，好奇心迎来了自己的"名誉恢复"，培根提出了"认知是人类基本权利"的说法。[1] 尽管如此，浮士德博士向魔鬼出卖自己灵魂以换取知识（及其他东西）的故事，提醒我们对好奇心的负面认识依然如影随形。可能迟至启蒙运动时代，正面看法才开始真正成为主流，康德提出"要敢于认识"（sapere aude，引自古罗马诗人贺拉斯）的箴言，成为标志性的象征。

肯尼（Neil Kenny）的研究表明，在英语、法语、德语等各种语

---

[1] H. Blumenberg, *The Legitimacy of the Modern Age* (1966) English trans. Cambridge MA 1983, 229-453, 384; L. Daston, "Curiosity in early modern science", *Word and Image* 11 (1995), 391-404, 391.

言当中"好奇"以及其他相关词汇的涵义都是多样的、不断变化的。这使情况变得更加复杂。在17世纪,这些词的意思从"谨慎的"变为"优雅的",从"好问的"变为"古怪的"。深入历史情境中,我们才知道,1672年在阿尔特多夫(Altdorf)创立的"学院偷习者"(*collegium curiosum*)团体实际上是一个爱好知识,尤其是爱好实验人士的俱乐部,而不是一群怪人聚会。[①]在近代早期的欧洲,设立"珍宝屋"——或者德语里所说的"神奇的内室"(*Wunderkammer*)——成为一种时髦,实际上这就是私人博物馆,里头存放着各种奇怪的、稀少的、以罕见技艺制作的物品,或是来自遥远地区的带有"异域风情"的物品,给看客带来惊奇之感。

在18世纪,"有用的知识"这个观念开始兴起,带来一种对知识的内部评断的视角。这种评断主要是世俗的、而非宗教的。举例来说,在英国皇家学会里,数学家们都很反对约瑟夫·班克斯(Joseph Banks)被选为会长,因为他们担心班克斯会把学会变成一个"充斥无聊奇异之物的内室"。

3. 学科(Disciplines)

在第一章中,我们已经区别了相对"生的"信息,以及"煮熟了"的知识。对这一试验、精心组织以及系统化的整个过程,更加正式

---

① N. Kenny, *The Uses of Curiosity in Early Modern France and Germany*, Oxford 2004, 184.

第二章 基本概念

的一个名称是"科学化"(scientification)。在英语当中,这个词还是显得有些生硬,似乎更多为了照顾自然科学而不顾人文学问;然而它的来源,德语词 *Verwissenschaftlichung*,就可以应用更广泛,即包括知识,也包括社会实践,因而被广为接受。科学化往往是——尽管并不总是——对观察、描述、分类之类日常实践的提升,使它们变得更加精确,但同时也更加远离日常生活经验。这个过程有时也被称作"学科化"(在德语中就是 *Disciplinierung*),对于学院学科的建立来说,这是很关键的。

就如同在体育运动、宗教以及战争当中的 discipline("训练")概念一样,学术上的 discipline 概念也是由来已久,它往往强调的是学者生涯当中"苦修"的那一面,同时也意味着,在必要的技艺修习成功以前,得经历长期的学徒时代。我们可以把"学科"看成是一组非常独特的(或至少被认为是独特的)智识实践,而在诸如法律或者医疗这样的职业当中,它被体制化了。学院学科有时候会被拿来和民族国家相比较,它们有自己的传统和领土,它们的"领域"和边疆,会警告侵入者离开(知识"领域"*campus* 这个词西塞罗就曾经用过,近代学者、《博学》[*De Polymathia*, 1603]的作者沃夫尔[Johannes Wower]也用过,但只有到 19 和 20 世纪这种用法才变得常见)。①

---

① N. Elias, "Scientific establishments", in H. Martins, N. Elias and R. Whitley (eds.) *Scientific Establishments and Hierarchies*, Dordrecht 1982, 3-69; Bourdieu, *Homo Academicus*; T. Becher, *Academic Tribes and Territories: Intellectual Enquiry and the Cultures of Disciplines*, Milton Keynes 1989.

学科由知识构成，知识的规则、秩序的变化也带动了学科体系的变化。最为人熟知的也是当下支配了整个知识世界的学科体系，就是西方的学科体系，尽管最近还有研究强调，"任何一门学科所包含的那些基本活动，没有一个是只局限于欧洲的，也没有一个是只限于当下世界的'先进的'产业社会的"。[①]

至19世纪，学术分科和各个"领域"的多样性到了令人眼花缭乱的地步。这些领域之自主性以物理形式体现在大学的系科分置，它们坐落于不同的大楼中，或是同一楼宇的不同楼层、区块。大学成了一组群岛，由大量或多或少独立的知识岛屿构成。今日对"跨学科性"的强调，实际上反证了从一个岛到另一个岛并不容易，尽管不是不可能。

4. 创新（Innovation）

虽然在过去时代，大学的主要关怀是传承和传播知识，但自19世纪研究型大学兴起之后，创造新的知识就成了它们的主要任务之一。就像企业寻求新的知识是为了改进它们的产品、击败他们的竞争对手，知识管理者的主要任务之一就是激励创新。

在各个学科之中，都有关于创新理论的学者论著出现，比如经济学的熊彼特（Joseph Schumpeter）、社会学的帕累托（Vilfredo Pareto）、地理学的哈格斯特朗（Torsten Hägerstrand）、心理学的哈

---

① G. E. R. Lloyd, *Disciplines in the Making*, Oxford 2009, 172.

第二章 基本概念

德逊（Liam Hudson）、城市研究的佛罗里达（Richard Florida）、管理学的野中郁次郎。那么，历史学家是否也对此有所贡献？

首先，研究知识传统的历史学家们更倾向于认为，如果加以仔细分析，那些通常被认为是创新的东西，其实只是更早出现的观念或者技术为了适应新的目的而做出的改变。简单说来，创新只是一种替换。那么，是什么在驱使这种"替换"的出现？

荷兰学者布洛克（Anton Blok）曾尝试解答这问题，他把目光集中到那些"创新者"们身上。布洛克的论点是雄辩的，但也极富挑战性，他认为那些以"创新者"面目闻名的人并不比他们同侪禀赋更高，但确实付出更多努力，甚至到沉迷的程度。他们如此执着是由于往往需要和困难艰辛做斗争，很多早自孩童时光（比如失去双亲等）。布洛克认为，创新者们通常是"局外人"，在地理空间上他们处于边缘，在心理上他们孤独不合群，在社会和知识层面也是。他们比那些已有成就的同行们要冒更大风险，因为他们往往输不起。[①]

另一种研究取向是关注团队，而不是个人。尽管大多数创新的传说都是有关天才个体，但近来研究表明，创新倾向其实是一种集体现象，而非个体现象，它依赖于互动和交流。营造创造性互动的最好环境就是一个小的团队，通常可以面对面交流，定期进行聚会。理想状态下，这个团队应该由一些拥有共同志趣、但研究方向各异的成员构成，他们可以有不同的教育背景、来自不同的国家、

---

① A. Blok, *The Innovators: The Blessings of Set-Backs*, Cambridge 2015.

来自不同的学科。"替换性"的思想往往就来自远处异乡的人们（可见第三章）。①

这样的团体是如何建立起来的？在过去，此类团体往往受惠于城市的发展。城市如同磁铁，将来自不同地域、掌握各种技能的人们吸引过来，为他们提供合适的工作机会，也提供酒馆、咖啡馆之类的社交空间，使得交流得以活跃，众声喧哗，催生出新的思想。今日我们面临的新问题是，城市的规模不断增大，让社会各类人群的交流变得更加困难。

5. 知识分子与博学家（Intellectuals and polymaths）

研究知识的历史，就必须关注学院内外、各式各样富有学识的人们。与这些饱学之士有关的一个概念是——"知识分子"，主要指的是针对公共话题发言的文人或者学者。一个著名例子就是法国恶名昭彰的冤案"德雷福斯案"（1894—1906）当中的小说家左拉（Emile Zola）。德雷福斯上尉在当时被控将军事机密泄露给德国人，被裁定为叛国罪，而左拉是支持德雷福斯无罪的人中最著名的一位。正是在这一情境中，法语 *intellectuel* 一词有了现代意义上"知识分子"的涵义，随后传到其他语言当中。② 更早出现、所指也更精确的一个词是 intelligentsia，它来自俄语，主要指反对沙皇专制政权的文人和

---

① P. B. Paulus and B. A. Nijstad (eds.) *Group Creativity: Innovation Through Collaboration*, Oxford 2003; S. Page, *The Difference*, Princeton NJ 2007.

② C. Charle, *Naissance des "intellectuels", 1880-1900*, Paris 1990.

第二章 基本概念

学者们。①

另一种富有学识的人就是"专家",或者说 specialist,这个词也是 19 世纪中期才出现的,它最早被用在医学的场合,因为当时正值医学上的"专科"不断增多的时期。② 但这个词很快就被广为使用。另外一种人则是对许多不同的学科都很熟悉的学者,这就是"博学家"(polymath),或者叫"通才"(generalist),后一词是美国学者芒福德(Lewis Mumford,最著名的身份是建筑批评家和城市研究者)喜欢用来称呼自己的。"博学家"这个词是到了 17 世纪才被人广为使用的,在那个时代,学者们已经开始忧虑知识的碎片化问题,但有一些卓越的人物仍然能够在许多不同领域都做出原创性的贡献,比如伟大的莱布尼茨(Gottfried Wilhelm Leibniz),他在今日主要作为哲学家被人铭记,但他同样在数学、历史学和语言学上有很多发现。

自 18 世纪以来,由于知识分科的不断细化,博学家往往被认为是快要绝种的一类人。但他们其实从来都没有消失,尽管他们的野心已经不如前人那样巨大。我们或许可以把研究领域极宽的学者分为两类,一类是"被动的博学家",比如作家奥尔德斯·赫胥黎(Aldous Huxley),据说他从头到尾读过《大英百科全书》,但是就知识本身而言却没有什么大贡献。另一类则是"跨越的博学家",他们

---

① R. Pipes (ed.) *The Russian Intelligentsia*, New York 1960.

② T. Gelfand, "The origins of a modern concept of medical specialization", *Bulletin of the History of Medicine* 50 (1976), 511-535.

在某个领域中接受学术训练,但后来却转到了其他方向。

说到"跨越的博学家",两个著名例子就是迈克尔·波兰尼(Michael Polanyi)和贾雷德·戴蒙德(Jared Diamond)。波兰尼是位政治流亡者,先从匈牙利到德国,1933年又离开德国。他先前是一位物理化学的教授,但后来转向哲学,提出了有关"默会知识"(tacit knowledge)[①]的学说,本章的后面还会讨论。戴蒙德曾是一位生理学家,后来转向了鸟类研究,但今日他之闻名可能是因为写了有关世界历史的书:《枪炮、细菌和钢铁》(1997)以及《崩溃:社会如何选择兴亡成败》(2005)。他们身处的大学也对其研究转向很是包容,波兰尼在曼彻斯特大学只是从化学系转到了哲学系,而戴蒙德在加州大学洛杉矶分校也从生理学教授转任地理学教授。[②]

6. 跨学科性(Interdisciplinarity)

上面这些"跨越的博学家"都很好地实现了跨学科性,也就是说,从一个领域里吸取流行的观念和方法,再应用到另一个领域当中。跨学科性或许能被视为对专门化的一种必要矫正。就像劳动中的分工一样,专门化也能提高研究的效率,促进知识的增长。但同时,它造成的后果又被称作"对越来越少的东西知道的越来

[①] "tacit knowledge" 也被译为"隐性知识"。相对的"explicit knowledge"有时被译为"显性知识",本书将其译为"明晰知识"。——译者注

[②] P. Burke, "The polymath: A cultural and social history of an intellectual species", in D. F. Smith and H. Philsooph (eds.) *Explorations in Cultural History: Essays for Peter McCaffery*, Aberdeen 2010, 67-79.

多"，或者"无所不知却又一无所知"，有时这也阻碍了新发现和新理论的诞生。① 在知识的群岛中，长期生活在某个岛上，会导致孤立和偏狭。所以，人们始终需要避免知识上的"边界监察"（frontier police），这个说法出自瓦尔堡（Aby Warburg），他是个独立学者，以对图像、记忆和古典传统的研究而著名于世。

到了20世纪，很多人都尝试将这种跨学科性制度化，方法之一是创立一些非正式的研讨小组，比如20世纪20年代在巴尔的摩曾经有一个"观念史俱乐部"，很多哲学家、历史学家和文学学者都聚拢于此。当然，还有更为正式的机构建立，比如1923年在法兰克福创立的社会研究所。此类机构中，有的学术目标极为宏大，比如荷兰海牙的统一科学研究所（The Institute for the Unity of Science，1936年创立），也有的就相对平实很多，比如在冷战时期美国出现的许多"区域研究"中心，往往由政府资助，很大程度上出于政治原因。其中最著名的一家可能就是1947年创办的哈佛大学俄罗斯研究中心，该中心内集聚了经济学家、社会学家、历史学家和政治学家，而研究对象都是当时的苏联。

7. 知识管理（Knowledge management）

"知识管理"是个相对比较新的说法。20世纪90年代，从商科

---

① J. M. Ziman, *Knowing Everything about Nothing: Specialization and Change in Scientific Careers*, Cambridge 1987.

到图书馆学,很多学科里都出现了以此为名的课程,这个词才开始为人所知。《知识管理学刊》(*Journal of Knowledge Management*)则在1997年创刊。另一个相关的概念是"科学政策",这不仅是政府关注的主题,也是学术研究的对象(萨塞克斯大学的科学政策研究组创建于1966年)。"知识管理"另外也和"知识资本"这个概念有关,后者将信息和思想看作资源或者投资,需要明智地加以保护和利用。所以,也正是从20世纪90年代开始,很多企业都开始设立"首席知识官"(Chief Knowledge Officers)或者"首席信息官"(Chief Information Officers),保证企业电脑上存储信息的安全,防止黑客盗侵,已经成了他们工作中日益重要的一个部分。

尽管如此,知识管理的故事并不是从上世纪90年代才开始的。知识的未来,某些时候是由学院以外的、处于领导位置的人物规划的,一定程度上也会受他们的影响。在17世纪,弗朗西斯·培根这位大法官,就已经有了集体性研究的意识,他到处寻找组织者或协调人。而在法国,路易十四时期的财政大臣柯尔贝尔(Jean-Baptiste Colbert),也是位"信息大师"。他"设立大量的图书馆,以及各种省级的、外交的、产业殖民事务的、海军的档案馆,雇佣学者和档案员团队,创办科学研究机构和刊物,经营一家出版社,还建立一个国际学者的网络"。① 在18世纪,约瑟夫·班克斯也扮演着类似

---

① J. Soil, *The Information Master: Jean-Baptiste Colbert's Secret State Intelligence System*, Ann Arbor 2009, 7.

第二章 基本概念

知识管理者的角色，他很活跃，在官方层面他是英国皇家学会的会长，私下里他则是乔治三世国王的一名顾问，权势极大。[1]到了19世纪，最出色的知识管理者之一是阿尔陶夫（Friedrich Aldhoff），他是柏林政府的一位官员，对于教授任命和研究机构的建立都有很大影响力。[2]

至于20世纪的代表人物，当数洛克菲勒基金会自然科学部的主任沃伦·韦弗（Warren Weaver，任职时间1932—1955），他主导资助了基因研究、农业和医学的课题，并果断地决定支持新型的"分子生物学"（这个名字是他取的）研究。在人文社会科学方面，则有福特基金会国际事务部的主任舍帕德·斯通（Shepard Stone），是他为柏林自由大学、牛津圣安东尼学院和巴黎欧洲社会学研究所提供资助，其意图不仅是推进学术研究，更包括与共产主义对抗，以及提升美国在海外的国际形象。[3]

8. 知识社会（Knowledge society）

当人们意识到"知识管理"的必要性后，所谓"知识社会"或者"信息社会"就开始兴起，自20世纪60年代以来，经济学家、社会学

---

[1] J. Gascoigne, *Science in the Service of Empire: Joseph Banks, the British State and the Uses of Science in the Age of Revolution*, Cambridge 1998.

[2] B. vom Brocke, *Hochschul- und Wissenschaftspolitik in Preussen und im Deutsche Kaiserreich 1882-1907: Das "System Althoff"*, Stuttgart 1980.

[3] V. Berghahn, *America and the Intellectual Cold Wars in Europe*, Princeton NJ 2001.

家和管理学家就这个问题有过不少争论。经济学家马赫卢普（Fritz Machlup）注意到"新知识劳工"的数量不断增多，而如丹尼尔·贝尔（Daniel Bell）等社会学家则认为"工业社会"之后将迎来"后工业社会"。① 管理学家们提出，知识——他们称之为"知识资本"——使得企业更具创新性，也就更有竞争力。② 在一个数字化时代，知识社会加速形成。举例而言，人们认为由于信息技术的变革，资本主义在20世纪末出现一个重构的过程。

通常人们将"信息社会"看作新生事物，不但记者和普罗大众这么想，像卡斯特（Manuel Castells）等社会学家也是，后者还写过有关"信息时代"的论著。③ 但另一面来说，正如本书第一章提过，一些参与此讨论的历史学家则希望强调连续性。有位荷兰历史学者真的讨论过中世纪的"知识经济"，作为他所说的通向工业革命"漫长道路"的重要部分。④

在此我们显然有必要避免两种极端化的危险：其一是把当下与未加区分的过去简单地对立起来，其二则是对连续性的过度强调。用美国历史学家达恩顿（Robert Darnton）的话说，"每个时代都是

---

① F. Machlup, *The Production and Distribution of Knowledge in the United States*, Princeton NJ 1962; D. Bell, *The Coming of Post-Industrial Society*, London 1974.

② P. F. Drucker, *Post-Capitalist Society*, Oxford 1993; I. Nonaka and H. Takeuchi, *The Knowledge Creating Company*, New York 1995; T. A. Stewart, *Intellectual Capital: The New Wealth of Organizations*, London 1997.

③ M. Castells, *The Rise of the Network Society*. Oxford 1996.

④ J. L. van Zanden, *The Long Road to the Industrial Revolution*, Leiden 2009, 69-91.

一个信息时代",但却是"以它自己的方式"。① 我们需要做的,是去区分这些方式:比如,手写的时代是从公元前 3000 年一直往后;而最初的印刷和纸本时代,在西方是 1450 年到 1750 年左右。在 1750 年以后,时代划分变得更困难、更有争议,但我们大概区分出五个阶段:统计法的时代,1750 年至 1840 年;蒸汽与电力时代,1840 年至 1900 年(依靠蒸汽机、蒸汽船、铁路和电报来传输信息);大科学的时代,1900 年至 1950 年;三种革命的时代,1950 年至 1990 年(第三次发现时代、第三次科学革命以及第三次产业革命);以及我们当下身处的全球互联网时代,这是 1990 年以后。②

9. 知识的秩序(Orders of knowledge)

不论是在知识史研究,还是知识社会学、知识人类学当中,最基本的概念之一就是"知识的秩序",或者说"学问的秩序""信息的秩序"。福柯曾用他一贯的、极具刺激性的口气声称"每一个社会都有自己一套'真理'的制度",同时他也使用不是那么有争议的说

---

① R. Darnton, "An early information society: News and the media in eighteenth-century Paris", *American Historical Review* 105 (2000), 1-35.

② S. J. Pyne, *Voyager: Seeking Newer Worlds in the Third Great Age of Discovery*, New York 2010; M. D. Grmek, "La troisième revolution scientifique", *Revue Médicale de la Suisse Romande* 119 (1999), 955-959; J. Greenwood, *The Third Industrial Revolution*, Rochester NY 1996.

什么是知识史

法,"知识的秩序"。① 这种秩序通常是因地点(比如说西方的、伊斯兰的、东亚的),或者时间(中世纪、现代或者后现代)而决定的。举例而言,读者正在阅读的本书就写于由印刷主导时代向数字统治时代转型的时期,它只能代表西方对"知识秩序"理解的一个英国例证。

在此关键点是,特定文化当中知识的主要形式和组织,再加上与它们紧密相关的社会价值,共同构成了一个体系:学校、大学、档案馆、实验室、博物馆、新闻编辑室等等。对旁观者而言,这个体系里不同部分间的关系可能是最直观的东西,但局内人往往把整个秩序当作是理所当然的。这种秩序并不是有意规划的,但它会被文化价值,以及因各种目的建立的组织机构间的互动所塑造。

比如说,在古代中国,这个体系是由儒学和科举制度占主导的;在奥斯曼土耳其帝国,知识的秩序是由伊斯兰教徒制定的,更具体地说,是来自清真学派和伊斯兰学校(*medreses*)中;在苏联,这是由马克思主义和科学院来决定的。由于知识的秩序实际上是更

---

① M. Foucault, *Power/Knowledge: Selected Interviews and Other Writings, 1972-1977*, Brighton 1980, 114, 131; E. Said, *Orientalism*, London 1978, 195; E. Shils, "The order of learning in the United States", in A. Oleson and J. Voss (eds.) *The Organization of Knowledge in Modern America, 1860-1920*, Baltimore 1979, 19-47; T. Varis, "World information order", *Instant Research on Peace and Violence* 6 (1976), 143-147; C. Bayly, *Empire and Information: Intelligence Gathering and Social Communication in India, 1780-1870*, Cambridge 1996, 3, 7n; H. De Weerdt, "Byways in the imperial Chinese information order", *Harvard Journal of Asiatic Studies* 66 (2006), 145-188.

第二章 基本概念

广大的社会文化秩序的一部分,很自然地,人们会发现20世纪法国的知识秩序中,巴黎总是居于核心和主要地位,但美国的体系则是去中心化的,两者形成鲜明对比。

时至今日,单一的核心等级秩序变得越来越困难了。比方说在英国,我们能看到英国广播公司(BBC)和它的对手们在信息提供上不断竞争,不同的教会、伊斯兰教派,不同的学派和大学等等,都在激烈竞争,更不用说我们生活中频繁用到的国际互联网搜索引擎。

换句话说,知识的秩序正在发生变化,即使这种变化的速率并不快。当印刷书兴起的时候,欧洲大学对此的反应是逐步渐进的,并非一日变天,而时至今日,课堂讲授仍然是传播学术知识的主要方式。[1]在北美,各种研究机构之间的势力平衡也在不断发生变化,在19世纪末期,大学在知识生产过程中的地位变得"绝对重要",但一个世纪之后,却在逐渐衰落,因为各种公立或私立的研究所或"智库"正在发挥越来越重要的作用。[2]

此外,在某个特定的时间和地域,信息的秩序可能是由占主流地位的传播方式来决定的,也就是说,无论是口头的、书写的、印刷的或是数字的,当一种新的媒介产生时,它并不是直接替代旧的,而是与先前所有旧的媒介共存一段时间。媒介之间的竞争,最

---

[1] F. Waquet, *Parler comme un livre*, Paris 2003.

[2] Shils, "Order of learning".

终是以劳动分工的方式稳定下来,我们举近代早期欧洲的手写与印刷为例,当印刷出现后,手写文书依然重要,不仅是为了私下的秘密交流,很多贵族的诗作和论著也同样以手写方式流传,因为他们鄙视印刷作为商业活动所带的铜臭味。①

知识秩序的概念,也为最近学界对近代早期欧洲、中国和伊斯兰世界之"科学"进行比较研究提供了基础。② 此类比较研究的一个代表性例子就是杰弗里·劳埃德(Geoffrey Lloyd)对古代希腊和中国的研究。劳埃德认为,在自然的研究上,中国人相对于古希腊人的优势是政府的支持,而古希腊人的优势则在于探讨和论辩的传统。③

如果没有秩序这个概念,或者类似的概念(比如"系统""文化"或"体制"),那么学者要对不同地域、不同时间、不同社会群体的各种知识进行比较就是极为困难的事。这概念的另一长处是,它能提醒我们避免错误的类比。例如,对某一种特定的实践而言——比如医治病人或者书写过去——即使它在不同时代某些方面看起来很相似,但它在知识体系内占据的位置却有不同。简单来说,人们可以认为,在古罗马时代,历史是元老院议员写给别的议员看的,到中世纪早期,历史是教会僧侣写给别的僧侣看的,而今日,历史由大学教师撰写,读者则是学校的学生们。但不可否认的是,在过去

---

① A. Briggs and P. Burke, *A Social History of the Media* (2002), 3rd edition, Cambridge 2010.

② H. F. Cohen, *How Modern Science Came into the World*, Amsterdam 2010; T. Huff, *Intellectual Curiosity and the Scientific Revolution: A Global Perspective*, Cambridge 2011.

③ G. E. R. Lloyd, *The Ambitions of Curiosity: Understanding the World in Ancient Greece and China*, Cambridge 2002.

第二章 基本概念

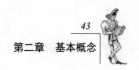

的这些世纪当中，人们对过去所发之问以及相应的作答，已经改变了许多。

另一方面，知识的秩序这个概念既提出了新问题，也在解决问题。如果我们按照地理把世界划分成不同的（知识）秩序，那么我们究竟是说西方的秩序（相对于伊斯兰或东亚），还是法国的秩序（相对于英国或美国）好呢？这里一个很重要的问题就是边界。"体系"本身并不是滴水不漏的，在这里来说，并不是能完全封闭所有信息的。我们可以举16世纪的基督教世界和伊斯兰世界为例，知识的边界是很容易穿越的，许多人在这两地间旅行，而至少有一些旅行者对外来观念持开放态度。如果我们否认部分性流动和开放的存在，那么知识变化即使不是不可想象，也会非常局限。但显然我们都知道，变化的确发生了，规模还很大。

知识的秩序这个概念的另一个缺陷是，它暗含了一种实际并不存在的知识的同质性。如果我们仔细观察，就会发现知识的秩序中往往分为主流知识和次等知识，而后者经常被精英们斥之为异端，甚至被认为根本不值得关注——比如历史上很多民间知识。举个例子，在奥斯曼土耳其帝国时期，主流的知识由"乌理玛"（学者，土耳其语 *'ulema*）掌握，但苏菲派却试图挑战他们，神秘主义者们更强调"直觉"（*ma'rifah*）而不是"认知"（*'ilm*，这些词可以参见第一章）。① 在中国，儒家的知识也同样受到佛教徒和道教徒的挑战。

---

① H. Inalcik, *The Ottoman Empire: The Classical Age, 1300-1600*, London, 1973.

简而言之,"知识的秩序"这个概念十分有用,其前提条件是我们认识到它只是一种智识上的"速记",是对纷繁复杂现实的一种有益的简化。

10. 实践(Practices)

在知识研究当中,"实践"已经成为一个核心概念。对其的关注从阅读史和"实验"之历史的研究开始,扩展到对观察、记录和描述的分析,而在雅各布主编的两大卷《知识诸场域》有了总结性的概括,雅各布将该书主旨描述为致力于"各种知识实践的历史研究和人类学研究"。此处关键点在于,人们开始意识到实践的惯习看起来是永恒不变的,但实际上它也在改变,尽管这些改变是渐进式的、一般很难被感知。日常生活中一个重要的知识实践就是分类。不同文化、不同学科之间,分类学是不同的,但在一种特定的文化或学科当中,它会被看成理所当然的。福柯有一段著名的论述,他鼓励读者们去质疑这种现象,他引用阿根廷作家博尔赫斯(Jorge Luis Borges)的书,其中谈到一本中国的百科全书里把动物分为十四类,其中包括"属于皇帝的""涂上香料的",还有"以上好的骆驼毛笔画的"等。① 尽管这本中国的百科全书实际上并不存在,人类学家们却已经发现了几乎同样令人震惊的例子,尽管西方有一套"民

---

① M. Foucault, *The Order of Things: An Archaeology of the Human Sciences* (1966), English trans. London 1970, preface.

间生物分类法",但世界其他地方的人们对颜色的命名,对植物、动物和鸟的分类可能大相径庭。有一个著名的研究,起了个耸动的标题《为什么鹤鸵不是鸟?》,这篇文章分析了居于新几内亚山地的卡拉姆人(Karam)的动物分类逻辑,它解释道,卡拉姆人实际上把鹤鸵看作家族的成员。①

　　知识实践同样还包括获取知识、将知识归类、验证知识这样一些多少比较正式的环节,比如说解剖尸体、用望远镜观察星象、进行实验操作等等。其中有些带有特定学科的独特性(比如医学当中的诊断),有些则是很多门学科的共同问题(比如比较)。然而,还有其他(比如说记录)属于更加"非正式"的实践,但同样常见。这每一种实践形式都有自己的历史,也就是说,它们在长时段当中都在变化。②科学方法经常——即使不是全部——也是从这些"非正式的"日常实践当中发展出来的,这是我们应该将科学史研究置于更广大的知识史中来考察的原因之一。另一原因是为了避免种族中心主义和时代误植的谬误。

---

　　① R. D'Andrade, *The Development of Cognitive Anthropology*, Cambridge 1995; R. Bulmer, "Why is the cassowary not a bird?" *Man* 2 (1967), 5-25.

　　② H. Zedelmaier and M. Mulsow (eds.) *Die Praktiken der Gelehrsamkeit in der Frühen Neuzeit*, Tübingen 2001; D. Gardey, *Écrire, calculer, classer: comment une révolution de papier a transformé les sociétés contemporaines (1800-1940)*, Paris 2008, 25-70; A. Blair, *Too Much to Know: Managing Scholarly Information before the Modern Age*, New Havene CN 2010; P. Burke, "The cultural history of intellectual practices: An overview", in J. Fernandez Sebastian (ed.) *Political Concepts and Time*, Santander 2011, 103-127.

11. 职业化（Professionalization）

现代不同新学科的兴起以及分化，从纯粹思想层面视之，可以被看作对知识快速增长累积的一种回应，尤其是 18 世纪以来。然而，这一进程还有社会层面的意义。社会学家们使用"职业化"这个词来描述一种进程，其不仅包括全职职业的多样化（其中每个职业都拥有自己的知识），同时也包括特定职业准入门槛的规则之建立，比如组织培训、制定行业的标准规则等等。① 因此，治病者要通过学院的学习才能成为医生，而博士学位成为进入学术工作的必要条件。由此行业组织也变得官僚化，它们要制定准入的规则，颁发学位，制定职位任命、晋升和发放项目资助的正式程序，等等。

我们举 19 世纪的英国为例，当时很多旧的职业仍然存在，比如牧师、律师、医生、陆军和海军军官等，但也诞生了很多新的职业，如工程师、建筑师、会计、测量员、教师等。在英国，工程师协会成立于 1824 年，而测量员协会和特许会计师协会则分别成立于 1868 年和 1880 年。

职业化的进程也伴随着技术语言或者说行业术语的出现，这使得行业团体内部的沟通变得越来越便利，但同时要向外行转述明白就变得愈发困难。一种职业意识也开始兴起：对自己的职业感到自

---

① H. Perkin, *The Rise of Professional Society: England since 1880*, London 1989; A. Abbott, *The System of Professions*, Chicago IL 1988.

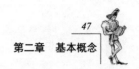

第二章 基本概念

豪,似乎具有了使命感,而不仅仅是为了谋生而已,同行之间也会产生认同。

就像前面说到的"知识秩序"一样,"职业化"这个概念也会产生利弊。它使人们更多地关注不同职业兴起过程中的共同点,而却容易忽视职业间的差异之处。"职业化"视角的考察更适合新型的职业(比如会计),而不是旧的(比如医生);它更适合那些应用性的行业,而不是人文领域。①

在此的反例就是图书馆员和历史学家。相较而言,谈论图书馆员的"职业化"过程不会产生太大问题。以往图书馆是由学者来管理的,一个著名的例子就是博学的学者莱布尼茨管理沃芬比特尔(Wolfenbüttel)的公爵图书馆。今天,这些图书馆都是由专业图书馆员来管理,他们都上过图书馆学的专科学校,还是行业学会的会员。比如在美国,全美图书馆学会在1876年成立,在那之后不久,梅尔维尔·杜威(Melvil Dewey)就建立了第一所图书馆学专科学校。② 职业化的另一标志是国际学术会议的召开,第一届国际档案和图书馆员大会在1910年召开。但另一方面,历史学家又是何时开始"职业化"?这个问题很难回答。有一个观点认为其发生在19世纪中期,著名的证据就是兰克(Leopold von Ranke)和他在柏林、

---

① L. Veysey, *The Emergence of the American University*, Chicago IL 1965, 57-64; A. Abbott, *System of Professions*.

② G. Stevenson and J. Kramer-Greene, *Melvil Dewey, the Man and the Classification*, Albany, NY 1983.

慕尼黑以及德语世界其他地方的门生们。在那时,历史学家能在大学和档案馆里找到专职的工作。然而,在欧洲,官方历史学家这一角色则有着更长的历史,即使不说以前,至少15世纪就有。不论如何,对于近代早期的某些学者而言,撰写历史已经被认为是一种"使命"。[1] 美国历史学会(AHA)在1884年成立,这可能让历史学家们产生自觉的意识——他与有着共同兴趣的一群人组成了团体,但是这距离真正职业化进程的开始还远得很。[2]

和职业化概念关系紧密的另一个问题是专业。英语当中"专家"(expert)和"专业"(expertise)这两个词都是19世纪才出现的,首次被使用分别见于1825年和1868年。两词的流行都和当时新的潮流有关,即政府在某些具体实务问题上越来越倚重专家的意见,这些问题包括卫生、城镇规划和经济调控等。比如说,剑桥大学的经济学家凯恩斯(John Maynard Keynes)在大萧条之后的1929年为政府决策提供意见,他在1930年加入了经济顾问委员会。[3]

---

[1] P. den Boer, *History as a Profession: The Study of History in France, 1818-1914* (1987), English trans. Princeton NJ 1998; D. R. Kelley, "Johann Sleidan and the origins of history as a profession", *Journal of Modern History* 52 (1980), 577-598.

[2] R. B. Townsend, *History's Babel: Scholarship, Professionalization and the Historical Enterprise in the United States, 1880-1940*, Chicago IL 2013.

[3] R. M. McLeod (ed.) *Government and Expertise: Specialists, Administrators and Professionals, 1860-1919*, Cambridge 1988; R. Grundmann and N. Stehr, *The Power of Scientific Knowledge: From Research to Public Policy*. Cambridge 2012, 22-64.

第二章　基本概念

12. 无知机制（Regimes of ignorance）

当我们讨论"知识秩序"的概念时，我们需注意到，它还有互补的另一对立面，那就是"非知识"或者无知的那个部分。实际上，有些学者已经开始对此进行研究，他们称之为"无知机制"。换句话说，他们关注的是在特定时间或地点，不同的人们不知道的是什么。①

比如说，人类学家们已经研究了一些西非洲文化中的秘密和秘密社会，经济学家们则分析企业对于不确定条件的决策过程，社会学家们则强调，在某些情境下，"非知识"——比如无信息，也是可以被利用的资源。比方说，一场测试中所有候选人的匿名身份，就能给测试带来公平。② 另一方面，"无知"也会带来风险，比如那些一味追求经济增长和技术变革的政府，很多时候并不知道长期来看它们的政策对环境、对社会会有什么影响。

总体来看，在历史学领域里目前为止并没有太多关于"无知"的研究，但有时某些论著中提供了例证，提醒我们"无知"在历史中也发挥了重要作用，比如某一集团将另一集团斥为"无知"，以此来巩固统治秩序。在法国大革命中，学者已经讨论过如何操控对"无知"的定义问题，比如在马赛，"某些人试图给其他人贴上'无知'的标签，从而将他们从城市事务管理中排挤出去"。还有，在一项对

---

① R. Dilley and T. Kirsch (eds.) *Regimes of Ignorance*, Oxford 2015.

② M. Twellmann, *Nichtwissen als Ressource*, Baden-Baden 2014.

德国历史上如何利用统计学的研究里,学者发现在20世纪20年代,也就是德意志帝国向魏玛共和国转型的危机时代里,对于德国经济的真实情况,人们几乎存在着"知识真空"。①

同样地,在这个话题上,我们不难想象未来可以做的工作,尤其是在帝国史研究领域。比如说,在帝国新征服的地区,征服者通常对这片"新地"的资源以及原居民的文化了解很少。曾经,西班牙人在新大陆、英国人在印度、法国人在北非都做过大范围调查,这些调查的结果好坏参半,它们确实曾帮助统治者成功弥补了一些知识上的漏洞,这对有效施政极为重要,但同时,这些帝国的军事、政治和经济决策很多是基于极大的不确定性,有时这会导致灾难性后果。②从被征服者的眼光来看,征服者的无知往往是他们可以利用的宝贵资源。

13. 情境中的知识(Situated knowledge)

卡尔·马克思曾经论述过,思想——尤其是他称为"意识形态"的东西——是如何被社会以及社会阶级塑造的。在本书第一章里我们提到过,曼海姆的解释比马克思更加温和一些,他将知识描绘为

---

① W. Scott, "Ignorance and revolution", in J. H. Pittock and A. Wear (eds.) *Interpretation and Cultural History*, London 1991, 235-268, 241; A. Tooze, *Statistics and the German State, 1900-1945: The Making of Modern Economic Knowledge*, Cambridge 2001, 84.

② R. Dilley, "The construction of ethnographic knowledge in a colonial context", in M. Harris (ed.) *Ways of Knowing*, Oxford 2007, 139-157, 147.

第二章 基本概念

与日常生活"紧密联系",时刻处于特定的时间、地域和环境当中。因此,知识史的研究者就应该把知识置于——或者说重新置于——"语境"之中。这其实就是科学社会研究学会(Society for Social Studies of Science,1975年成立)和学刊《语境中的科学》(*Science in Context*,1987年创刊)的主旨。

曼海姆所说的"社会情境",其实主要指的是阶级和代际,而后来的学者们大大扩充了这个概念。美国学者多娜·海拉维(Donna Haraway)写过一篇著名的论文《情境中的知识》,她讨论的"情境"包括性别。福柯理解的"情境"主要是地点,尤其是微观的空间,比如说诊所、工厂和监狱,在这些地方,知识被生产出来并被加以利用。所以,在一位地理学家对他做的访谈中,福柯承认自己有一种"对空间的痴迷"。① 法国学者塞尔托(Michel de Certeau)也有类似看法,他是耶稣会士,也是位历史学家,他在一篇论文中曾声称,历史书写是"某一场所的产物",换句话说,是一系列社会、政治、文化条件决定了某种研究可能产生,而其他的不会。② 本书第一章中提到的集体性研究《知识诸场域》,可能就是受塞尔托的启发而作。

在福柯和塞尔托的启发之下,许多学者开始转向研究知识产生所处的场所,或者按照培根的话说,就是知识的"坐席"(seats),无论其大小。有些人关注的是诊所或者实验室这样的建筑物,特定

---

① Foucault, *Power/Knowledge*, 63-77.

② M. de Certeau, *The Writing of History* (1975), English trans. New York 1988.

的知识实践即在此发生。① 还有些人则关注诸如罗马、巴黎和伦敦之类的城市，它们是由更小的一些场所（比如大学、图书馆、修道院、咖啡馆等）所组成的一个网络。②

还有些研究强调"知识的地理学"，尤其是思想中心和边缘之间的关系。这种关系很类似于经济学当中一种简单而有力的模式，即中心城市（通常是西方的城市）和殖民地之间的关系。在某些被布鲁诺·拉图尔称作"计算中心"的地方（比如巴黎或者伦敦），它们从边缘地区输入信息的原材料，反过来则输出成品知识。③ 不同时代的知识，因其"计算中心"的不同而异。比如说在 18 世纪，因为林奈（Carl Linnaeus）的存在，乌普萨拉（Uppsala）这座大学城就成了植物学知识的一个中心。

中心——边缘的模式很容易招致批评，被视作欧洲中心主义。它常常假设这种知识的传播是单向的，也就是从西方到"其他地区"。但显然我们能找到很多相反方向流动的例子，从伊斯兰世界、从中国传播到欧洲。其次，这一模式认为西方引入的只是些原始的信息，但人们看到很多在印度、中国或其他地方的欧洲人同样也接受

---

① M. Foucault, *The Birth of the Clink: An Archaeology of Medical Perception* (1963), English trans. London 1973; W. Mignolo, "The geopolitics of knowledge and the colonial difference", *Social Epistemology* 19 (2005), 111-127.

② S. Van Damme, *Paris, capital philosophique de la Fronde à la revolution*, Paris 2005.

③ G. Basalla, "The spread of Western science" (1967), W. K. Storey (ed.) *Scientific Aspects of European Expansion*, Aldershot 1996, 1-22; B. Latour, *Science in Action*, Cambridge MA 1987; H. Jöns, "Centre of calculation", in J. Agnew and D. Livingstone (eds.), *The Sage Handbook of Geographical Knowledge*, Thousand Oaks CA 2011, 158-170.

第二章 基本概念

了本地的知识分类（比如有关植物）体系。再次，这一模式把知识的传播过程视为恒定不变的，但其实很多地区输入知识的过程同时也是跨语言翻译、改造以适应不同环境的过程。①

所以，要修正这个模式，我们可以引入一个"半边缘"（semi-periphery）的概念。有些殖民城市，比如16世纪的果阿或18世纪的加尔各答就属于这种，在这些地方出现了相当重要的翻译、本土适应，甚至是出版的活动。

14. 思想诸方式（Styles of thought）

几个世纪以来，哲学家们反复讨论过"思考的不同模式"这个主题，无论是用法语词 *manière de penser* 还是德语词 *Denkungsart*。到了20世纪20年代，这又成为社会学和历史学研究的一个对象。在法国，布洛赫（Marc Bloch）的《国王神迹》（*Les rois thaumaturges*，1924年出版）一书讨论的是法国和英国的国王们通过触摸为臣民治疗瘰疬病这种实践，而布洛赫最感兴趣的是，尽管有很多相反的证据，但人们依然相信国王拥有治疗的神力，这究竟是何种信仰。后来，他又研究了更普遍的中世纪人"思考方式"（*façons de penser*）的历史，将目光从伟大思想家的重要思想上转开，移到普通民众的日常观念上。②

---

① K. Raj, *Relocating Modern Science. Circulation and the Construction of Knowledge in South Asia and Europe, 1650-1900*, Basingstoke 2007.

② M. Bloch, *The Royal Touch* (1924), English trans. London 1973.

在德国，社会学家曼海姆区分了不同的"思想方式"，用他的话说，不同时代、不同民族的思想都有不同特征，比如18世纪早期，法国式的"普遍自由主义"思想和德国的"保守历史主义"思想就形成了鲜明对比。① 几乎在同时代，当然是各自独立地，波兰生物学家弗莱克（Ludwik Fleck）也使用了同样的"思想方式"（Denkstil）一词来区分不同的"思想集体"，他对这种"集体"的定义是"一个不断交流思想的人群"。弗莱克指出，人们总是认为自己的"思想方式"是理所当然的、必要的（就像他们看待自己的观点一样），但却将其他人的思考方式看成是奇怪的、专断的。②

在20世纪50年代，德国社会学家波皮兹（Heinrich Popitz）和波兰社会学家奥索夫斯基（Stanislas Ossowski）都指出，一个社会结构中，身处不同点的个人对这个结构的理解是不同的。布尔迪厄在此方向上更进一步，他指出，身处不同社会阶层的社会学家们，对社会结构的理解也会有所不同。

15. 被压制的知识（Subjugated knowledge）

前面我们谈过知识生产过程里"中心"和"边缘"的区分，这

---

① K. Mannheim, *Conservatism: A Contribution to the Sociology of Knowledge* (1927), English trans. London 1986.

② L. Fleck, *Genesis and Development of a Scientific Fact* (1935), English trans. Chicago IL 1979, 39, 141. R. S. Cohen and T. Schnelle, *Cognition and Fact: Materials on Ludwik Fleck*, Dordrecht 1986.

第二章 基本概念

一区分也促使我们要扩展"情境"这个概念指涉的范围，它应该包括不同文化之间的接触，或者更准确地说，来自不同文化的个人或者团体——带着各自不同的知识——发生接触。所谓的接触也包括征服，在殖民的情境下，不同知识尽管共存，但彼此间并不平等。征服者的知识占据统治地位，而地方性知识就成为"被压制的"。这些被压制的知识往往会被遗忘，或者至少不被统治集团的人们所看重，就像历史上西方的学者在书写或者描绘非西方世界时，很少会谈他们从本地人那里学到了什么。①

在此最有名、也最具争议性的研究就是《东方主义》(*Orientalism*, 1978)，作者是巴勒斯坦裔的美国文学批评家萨义德。该书受到福柯的启发，讨论的是在西方（尤其是英国和法国政府）对中东地区的统治中，知识扮演了何种角色。萨义德把东方主义界定为一种学术专业，它是"存在于西方的一种知识形式"，是一种"思维方式"，最终，它是支撑西方统治地位的一种"共同机制"。②这种统治地位开始于1798年拿破仑对埃及的入侵，当时的法国军队带着167名学者，从事科学和艺术研究，这一研究团队成果斐然，最终出版了多卷本的《埃及记述》(*Description de l'Egypte*,

---

① J. R. Short, *Cartographic Encounters: Indigenous Peoples and the Exploration of the New World*, London 2009, 此书中谈到了很多例证。

② E. Said, *Orientalism*, London 1978, 2-3, 6-7, 43.

1809—1828）。①

萨义德的著作对于中东研究而言具有重大影响，它对该领域的早先研究极具批判力。但萨义德也遭受很多批评，最常见的批评就认为他把西方对"东方"的兴趣过度简化为一种支配对方的意愿，却忽视了许多学者确实只是出于无关利害的好奇心去从事研究。②在此举英国人莱恩（Edward William Lane）为例，他从1825年到1849年长期居于埃及，学习阿拉伯语，衣着装束与埃及人无异，并在1836年出版了《埃及人的礼仪与习俗》（*Manners and Customs of the Egyptians*）一书。按萨义德的想法，莱恩的书就属于"学术上的东方主义"，对西方的统治有所帮助。这种负面判断与莱恩的传记作者阿麦德（Leila Ahmed）的评价形成鲜明对比，后者认为，莱恩完全是以"埃及文化的一分子所能体验到的方式"在描述埃及的文化和社会。③

另一个"被压制知识"的例子是殖民时代的印度，也就是前后相继的东印度公司统治时期（1757—1857）和英国政府统治时

---

① C. G. Gillispie, "Scientific aspects of the French Egyptian expedition", *Proceedings of the American Philosophical Society* 133 (1989), 447-474; A. Godlewska, "The Napoleonic survey of Egypt: A masterpiece of cartographic compilation and early nineteenth-century fieldwork", *Cartographica* 25 (1988), 1-171.

② J. Mackenzie, "Edward Said and the historians", *Nineteenth-Century Contexts* 18 (1994), 9-25; R. Irwin, *For Lust of Knowing: The Orientalists and their Enemies*, London 2006, 2-4, 277-279.

③ Said, *Orientalism*, 164; L. Ahmed, *Edward W. Lane*, London 1978, 111. Irwin, *For Lust of knowing*, 163-166.

第二章 基本概念

期(1858—1947)。知识(更准确地说是各种知识)——无论它来自本地或者西方——对英印殖民统治的帮助主要体现在殖民者身上。曾经的孟加拉总督黑斯廷斯(Warren Hastings)就说过:"我们知识的每一点累积对国家都是有用的,尤其是那些从我们统治的人们那里交流获得的知识。"这比福柯所做的知识权力关系论述要早两百年。

在许多有关英属印度的研究中,知识都是核心的主题,这些研究有的视野非常宏大,讨论两种知识体系之间的碰撞冲突,有的则较微观,聚焦于个体的英国人和印度人。举例而言,剑桥历史学家贝利(Christopher Bayly)就强调了英国人从莫卧儿帝国统治者们建立的"信息秩序"中获益很多,直到他们建立了自己的一套秩序。美国人类学家科恩(Bernard Cohn)则区分出了一组所谓"调查模式"(investigative modalities),包括旅行、考察、监视、数据搜集等调查形式,科恩认为,正是在这两种知识体系的不平等碰撞过程中,英国殖民者对印度的知识"进行了重组"。[①] 更精确地说这有两面,一方面是印度人在"重组"这些知识,那些印度向导、译员、文书官或密探,把西方的信息整合进了自己的知识秩序;另一方面则是英国人,比如传教士们试图改造印度的知识,而殖民政府官员们则希望将那些来源于印度本土的信息整合进他们自己的知识系

[①] R. S. Cohn, *Colonialism and its Forms of Knowledge*, Princeton NJ 1996, 5-11, 53-56; C. Bayly, *Empire and Information: Intelligence Gathering and Social Communication in India, 1780-1870*, Cambridge 1996, 8, 49-50.

统当中。①

简而言之，英国对印度的知识生产过程是一个复杂的共同过程，是不同社会集团之间对话的结果，"尽管各方之间并没有被等量观之"。② 在此我们可以引入"文化协商"（cultural negotiation）的概念来思考这种情况。"协商"可能是一个比较难把握的词汇，但在此可以指一种半有意识的、对另一个人或团体观念的反应，一种对观念部分性的采纳和吸收。在这种意义上，"协商"应该和另一种主动有意识的行为区分开来，比如传教士们和印度本土学者都曾有意识地将西方科学和印度的印度教、穆斯林传统调和起来。

16. 默会知识（Tacit knowledge）

知识界的创新，不仅来源于学科之间的互动，有时也来自学院门墙之外，来自那些实践性的、"知其如何做"的知识。知识的秩序同样包括那些实践的、隐性的、默会的知识。在学术世界占统治地位的知识形式是"知道它是什么"，但另外还有"知道如何去做"的知识。前文提到的"博学家"迈克尔·波兰尼在认识论方面的重要贡献之一就是，他提出"我们知道的比我们能言说的东西更多"，他

---

① M. S. Dodson, *Orientalism, Empire and National Culture*, Basingstoke 2007, 此书强调了印度学者的作用。

② T. R. Trautmann, "Inventing the history of South India', in D. Ali (ed.) *Invoking the Past: The Uses of History in South Asia*, Delhi 1999, 36-54, 36; E. F. Irschick, *Dialogue and History: Constructing South India, 1795-1895*, Berkeley 1994, 8.

第二章 基本概念

给出了一连串的例子,很多技能都很难用言语表达,需要在实践中习得,比如骑自行车、诊断疾病,甚至是品鉴红酒。①我们很容易举出类似的例子:拉小提琴、制作家具、烹饪、练拳、艺术鉴定(确定艺术作品的年代和作者)等。波兰尼所说的"默会知识"其实也可以被形容为一种"表现性知识",后面这个说法来自布尔迪厄——20世纪下半叶对知识问题分析最精深的学者之一。

布尔迪厄喜欢讨论"惯习"(habitus),这是个老的概念,但他做了新的、精彩的发挥,用其来指一些技能和能力,对个体的人而言已经充分地内化,以至于人们往往不太意识到自己拥有它们,足球运动员或是物理学家之类的人就颇为典型。这种特定的"惯习"会使得人们在无意识或者半意识的情境下施展出来。②一如既往,布尔迪厄将他自己作为研究对象,把他的行为称为一种"割裂的惯习"之结果,一是他在法国西南部乡村社会的成长经历,二是他其后接受的哲学、人类学、社会学学术训练,两者时常发生冲突。布尔迪厄认为,惯习本身"并不是一种宿命",它会随着经验的变化而改变。③

对历史学家来说,要研究这种"默会知识"的表现性实践,将面临重重困难。就拿"技艺"这个例子而言,许多手工艺品其实出

---

① M. Polanyi, *Personal Knowledge*, Chicago IL 1958; *The Tacit Dimension*, Chicago IL 1966. M. T. Mitchell, *Michael Polanyi: The Art of Knowing*, Wilmington, DE 2006.

② P. Bourdieu, *Outline*; *Science of Science*.

③ P. Bourdieu and R. Chartier, *Le sociologue*.

自所谓"会思考的手"或者"素朴的知识论"。① 这就意味着手工知识只能从师傅传递到学徒("传统"tradition 一词的原初涵义就是"传递"),而其中不需太多言语。因而,对"技艺"的研究就只能依靠田野考察和亲身参与的观察,通常历史学家研究过去的那一套办法在这里行不通。

举例来说,英国人类学家特雷弗·马钱德(Trevor Marchand)曾经在也门做过一次田野考察,方式是作为学徒帮助当地一位建筑巧匠建造清真寺的宣礼塔,他写道,他的师傅"觉得很难去'解释'他知道的东西,更重要的是,同样无法解释他**如何**知道这些"。学习一种技艺,往往需要师傅和学徒之间频繁的交流,不断交换观察者和实践者的角色。② 然而,在稍后的一项研究中,马钱德将关注对象转至伦敦的木工,他发现,此时师徒间观察和实践的活动往往以言语上的简短说明来辅助。这研究表明,和波兰尼不同,我们更应将其视之为深浅不同的"默会知识",而不是在"明晰知识"和"默会知识"之间划一条不可逾越的分界线。③

---

① L. Roberts and I. Inkster (eds.) "The mindful hand", *History Technology* 29 (2009), 103-211; L. Roberts, S. Schaffer and P. Dear (eds.) *The Mindful Hand: Inquiry and Invention from the Late Renaissance to Early Industrialization*, Amsterdam 2007; P. Smith, *The Body of the Artisan: Art and Experience in the Scientific Revolution*, Chicago IL 2004, 142. R. Sennett, *The Craftsman*, London 2008; D. Raven, "Artisanal knowledge", *Acta Baltica Historiae et Philosophiae Scientiarum* 1 (2013), 5-34.

② T. Marchand, *Minaret Building and Apprenticeship in Yemen*, Richmond 2001.

③ T. Marchand, "Embodied cognition and communication: Studies with British fine woodworkers", *Journal of the Royal Anthropological Institute* (2010), 100-120.

第二章　基本概念

知识史的这个部分显然在过往被忽视了，或至少不受瞩目。那些没有用言语表达出来的东西很少被记录下来，所以，要研究长时段之内这些实践活动的变化过程，人们很难找到资料。即使能发现相关资料，要对其进行"解释"也很难。所以，历史学家帕梅拉·史密斯（Pamela Smith）为了重现一部16世纪法国金属加工著作中所描述的技艺，特地找来一位银匠合作。①

尽管如此，要考察这些默会知识并将其变得明晰有时也不难，这就有赖于历史上的"文本化"过程，尤其是古腾堡身后的几代人中，各种实用技艺指导手册的大量出版，时至今日，此类书籍依然在市场上风行，比如各种关于书籍保存、舞蹈、农艺、信件书写、马术等的书，更晚近流行的则是育婴、管理等方面的书。确实，有的学者就认为，17世纪所谓的"科学革命"，就是学者和工匠的明晰和默会知识之间相融合的结果。举例来说，科学实验，其实只是把炼金术士习以为常的工作中那些"试验和犯错"的部分加以详细包装而已。②我们可以说，通过这种方式制造的新知识，是"混合型的"，或者说"被转化的"（translated）。

---

① http://news.columbia.edu/pamelasmith.

② E. Zilsel, *Social Origins of Modern Science*, eds. D. Raven, W. Krohn and R. S. Cohen, Dordrecht 2003; P. Rossi, *Philosophy, Technology and the Arts in the Early Modern Era* (1962), English trans. New York 1970; P. O. Long, *Artisan/Practitioners and the Rise of the New Sciences, 1400-1600*. Corvallis OR 2011.

17. 知识的工具（Tools of knowledge）

人的智识实践依赖物质文化的支持，同时也被它所塑造，尤其是我们称之为"知识的工具"的东西。比如，17世纪"科学革命"中"观察"这种实践活动就需仰赖新的科学工具，尤其是两样：望远镜和显微镜。时至今日，各种科学研究所需要的工具可能要庞大得多，比如赫歇尔太空望远镜（Herschel Space Telescope）或是日内瓦的大型强子对撞机（Large Hadron Collider），后者的建造就是为了帮助粒子物理学研究。

中型的工具包括黑板、档案柜、显微镜、个人电脑，以及在近代早期比较多见的星象仪和地球仪，当然还包括某些在特定时代出现的物品如"书轮"（book-wheels），它可以使学者同时阅读两本或更多展开的书籍。而我们也不应忘记那些"小知识工具"，简单到诸如钢笔、墨水、吸水纸、复写纸、记录卡片、回形针等。① 人们也许还会想到哲学家霍布斯（Thomas Hobbes）随身携带的那根特别的手杖。霍布斯时常在散步时迸发哲思，他需要及时记录下来，但不在书桌旁又如何写于纸上呢？根据他的友人奥布雷（John Aubrey）回忆，霍布斯永远随身带着笔记本，而且，"他手杖的一头装有笔和墨水壶"，这才保证了其想法不会丢失。

---

① P. Becker and W. Clark (eds.) *Little Tools of Knowledge: Historical Essays on Academic and Bureaucratic Practices*, Ann Arbor 2001.

18. 传统（Traditions）

和艺术、手工艺或其他形式的知识一样，学术知识的生产通常也遵循一定的传统，但有时也会打破传统。[1] 离开了"传统"这个概念，历史学家们很难从事研究，尽管他们有时会被告知，应该抛弃那种对"传统"的传统理解，那一类理解指的是从某一代"传递"（拉丁语是 *tradere*）到下一代的某种行为方式和思想模式（无论是显性的还是隐性的）。

问题出在，在此过程中，人们总是假设那被"传递"的东西始终不变，就像人们研究知识在不同地点的"转移"时也有同样预设。正是为了反对这种错误预设，霍布斯鲍姆（Eric Hobsbawm）提出了他有关"传统的发明"的著名想法，最初他用此来描述1870年至1914年间欧洲的一些文化运动，后来学者们将其扩展到了更多领域。[2] 然而用"发明"这个词其实不太确切，因为这似乎意味着从"白板一块"开始。所以更为准确的说法是，"传统"是被复活、重构或者被转化了——为了适应不断变化的情境和需求，在知识史领域里，很多时候是为了适应新的发现。比如说在古典研究当中，最能体现这一变化的就是瓦尔堡在20世纪20年代所做的工作。[3]

---

① M. S. Phillips and G. Schochet (eds.) *Questions of Tradition*, Toronto 2004, 此书的"导论"极具价值。

② E. J. Hobsbawm and T. Ranger (eds.) *The Invention of Tradition*, Cambridge 1983.

③ A. Warburg, *The Renewal of Pagan Antiquity* (1932) English trans. Los Angeles 1999.

很多人用消极的眼光看待"传统",将其视为创新行动的阻碍。但从另一面看,在某些条件和情境下,"创新的传统"这种看似矛盾的说法却也能成立。我们就举那些被称为"年鉴学派"的法国历史学家们为例,这个团体已经整整延续了四代人,最早的创始者是布洛赫和费弗尔(Lucien Febvre),而第二代学者——布罗代尔和他的同道、经济史家拉布鲁斯——正是继承了费弗尔的智识传统;这个学派的第三代包括中世纪史家勒高夫(Jacques Le Goff),而第四代则有夏蒂埃(Roger Chartier)、勒佩蒂(Bernard Lepetit)和其他学者。① 每一代人都从前代人那里获取营养,但每一代人都发展出了独特的研究取向,其中个体间也有差异。

自然科学家们往往声称知识具有普遍性,但也有很多人认为,某些特定的思想模式和研究方式会逐渐形成特定的民族传统或者学科内传统。② 比如英美的经验主义就经常被拿来与德国式的对理论的强调相对照。在文科里,有学者提出过"四种"不同的人类学研究方式:英国的、德国的、法国的和美国的。③ 而回到知识史这个领域,有三种地区性(此处"地区"是泛称)的传统影响尤其深远。其一是德国传统,由曼海姆和他同行们的知识社会学研究开始,主要研究对象是德国哲学家们及其作品。其二是法国传统,主要受到

---

① Burke, *The French Historical Revolution*.

② J. Harwood, "National styles in science", *Isis* 78 (1987), 390-414.

③ F. Barth et al., *One Discipline, Four Ways: British, German, French and American Anthropology*, Chicago IL 2005; S. Z. Klausner and V. M. Lidz (eds.) *The Nationalization of Social Science*, Philadelphia 1986.

第二章 基本概念

社会学家涂尔干（Emile Durkheim），还有福柯的影响。其三，英美的传统则开始于自然科学史的研究。时至今日，这三个传统中的主要作品都已经有了其他语言译本，但各个取向之间的差异仍然清晰可见，这些差异也体现在知识的组织形式方面。我将在下一章对"过程"的讨论中涉及。

19. 翻译知识（Translating knowledges）

人们经常讨论知识的传播、转变和扩散，过去的学者们常常认为，在这传播过程中，从一处到另一处，从某人到他人，知识或多或少保持不变。今日学界的看法则大相径庭，占据主流的观点是相反的，即传播的起点和终点之间在很多方面都发生了重要的变化。知识传播意味着一种调解。某种知识为了达成旅行，必须被翻译成另一种语言，但在一种语言中核心的概念，并不一定在另一语言里具备。例如，当基督教传教士到了中国，尝试将基督教的"上帝"概念翻译成中文时，就遇到了类似的问题。因此"协商"就变得很有必要。确实，人们可以说，翻译就是一种协商，同时，协商也是一种翻译。[①]

在不同语言间的翻译并不容易，其中产生了许多我们称之为"文化性翻译"的例证，也就是说，其中有不断适应改造并接受新文化的过程。一种特定的"知识文化"——无论大小——构成了一个

---

① Umberto Eco, *Mouse or Rat? Translation as Negotiation*, London 2003.

系统，而当新的事物被引介进入这个系统时，它就要被调整，甚至说，从长时段来看，系统本身也会被调整。文化的"移植"往往会导致文化的"转化"。①简而言之，照样模仿其实也包含着某种程度的创新。

反过来看，那些一般被认为是创新的工作，如果仔细去分析，其实往往也是对某个较早的行为或体制的改造——可能是自由的或具有创新性的改造，但终究还是改造。按同样的思路去想，新的观念其实也是来自旧观念的拓展或者说"迁徙"（displacing）。②将创新看成一种"迁徙"，会使我们更多关注那些"迁徙的人群"。

迁徙人士中重要的一类，就是流亡或避难者。比如15世纪随着奥斯曼帝国的西进而避难到西欧的希腊人，16世纪和17世纪离开天主教国家的新教人士，还有20世纪30年代离开德国和奥地利、堪比"出埃及记"的犹太知识分子群体。流亡者在迁徙的同时，也带走了他们的知识资本，就像我们在研究"技术迁徙"时常常会提到的例子：信奉新教的丝织工人从法国迁徙到伦敦、阿姆斯特丹和柏林。

流亡者到了新的国度，需要寻找新的工作，一些人就从事翻译：在他们的原文化和新处文化之间进行协调。举例而言，在20世纪中期的美国，德国流亡学者们引介了许多德语思想和学术，其中

---

① Cohen, *How Modern Science Came into the World*.

② D. Schön, *Displacement of Concepts*, London 1963.

包括尼采这样的哲学家、弗洛伊德等心理学家,还有韦伯等社会学家。他们将其作品文本译成英语,同时也在从事"文化性翻译",即把外来的观念用本国人士能够理解的方式加以解释。最终的结果就是制造了一种"混杂"。最著名的例子就是法兰克福社会研究所,它融合了美国的经验主义、实证主义传统以及德国的理念性思维传统,在希特勒掌权之后,它搬到了美国纽约,后来又迁到了加利福尼亚。①

另一种"迁徙"的知识分子,我们或许能称之为"流浪者"或"改信者"。学术上的"流浪者"或"改信者"指的是某人接受的是一个学科的训练,之后却转去另外的学科,他带着原学科的"惯习",去应用或者适应新学科。比如意大利人帕累托最初接受的是工程学的训练,后来将一些工程的观念——尤其是最著名的"均衡"理念——引入了经济学和社会学研究。还有帕克(Robert Park),他是芝加哥社会学学派的代表人物,但在开始学术生涯前,他是一名活跃的新闻记者。他将自己做调查报道的"惯习",转化成在城市中开展社会学"田野考察"的工作。无论是帕累托还是帕克,都能被我们看成是不同学科之间的翻译者。②

---

① D. Fleming and B. Bailyn (eds.) *The Intellectual Migration: Europe and America, 1930-1960*, Cambridge MA 1969; L. A. Coser, *Refugee Scholars in America: Their Impact and their Experiences*, New Haven CN 1984.

② R. Lindner, *The Reportage of Urban Culture: Robert Park and the Chicago School* (1990), English trans. Cambridge 1996.

总之,在解释了以上这些概念后,我们的工具箱内已有了足够的装备,可以进入下一阶段的讨论。我们将关注信息转化为知识的诸步骤。这些进程可能发生在许多不同的地点、不同的社会群体中,其最初的目的也多种多样。

第三章

过程分析

在前章中我们讨论了一些基本概念，本章就想使用它们来研究包含信息的事物是如何被一步步发现、分析、"制作"或者"加工"，最终转化成为知识的。尽管特定的学科很少会独占某一种知识制作方式，但学科的多样性和知识制作的多样性无疑是有紧密联系的。在以下讨论中，我们会不断借用某一学科的方式去解决另一学科内的问题，在一般意义上，这也展现了"思想史"的发展历程。本章叙述将按照一定的顺序，依次讨论知识制作和应用过程中的不同阶段。

在德语中，知识制作过程可用一个词来描述：*Verwissenschaftlichung*，有时它被译为"科学化"（scientification），但显然它又不仅限于自然科学，所以更为精确的翻译或许是"系统化"（systematization）。人们总是会轻易地认为，"系统化"的方式是一成不变的，但事实上，就如学者们不断揭示的那样，它们是随时间而变化的，在不同的时代和环境中，它们所依据的规则和获得的支持都大相径庭。① 以下我们将具体举例说明知识制作过程的"历史性"。

1. 客观性的尝试

人与人的观点之间会有很大区别，甚至无法调和，这个问题为时已久。解决方法之一是寻求一种"客观性"，也就是说，人们尝试把知识和认知者区别开来，并展现一种"不专属于某个人的视角"。这类集体性的尝试在大约一百年前达到了它的顶峰，然而，从曼海姆开始的知识社会学研究开始动摇它的基础。正如达斯顿（Lorraine Daston）和加里森（Peter Galison）最近研究所揭示的，"科学客观性也有它自己的历史"。② 更精确地说，其实存在着几种不同的"客观性"的历史，自然科学和社会科学中的情况就不尽相同，更不用说历史学本身的历史也有客观性问题。

在自然科学中，对客观性的强调一度被定义为"一种盲视，即不加任何推理、解释或思维的观看"，这种想法在19世纪60年代和70年代最为流行。当时摄影技术的出现立刻就启发了科学家，并成为科学家将"自我"排除出科学认知的一种手段。摄影法的先驱之一福克斯·塔尔博特（William Fox Talbot）在1844年出版的《自然之笔》(The Pencil of Nature) 一书中，热情赞颂了这种新的技术，

---

① L. Daston, "Historical epistemology", in J. Chandler, A. I. Davidson and H. Harootunian (eds.) *Questions of Evidence*, Chicago IL 1994, 282-287.

② L. Daston and P. Galison, *Objectivity*, New York 2007, 17, 51.

第三章 过程分析

因为影像"是由光学或者化学手段形成或刻化出来的,并没有任何个人绘画手艺的帮助",简单地说,它是"自然之手的作品"。相反的是,到了 20 世纪,顶尖的科学家们都开始强调"直觉"在科学发现当中的作用以及训练有素之判断的价值。

至于历史学,在公元 7 世纪到 8 世纪,当时人就有了"不偏不倚"的理想,也可以被理解成是免于"偏见"的自由。到了 19 世纪,史家们开始借用科学客观性的话语,按自己的意图加以改造,尤其是为了避免民族偏见掺入历史写作。《剑桥近代史》(1902 年)的主编阿克顿勋爵(Lord Acton)是著名的世界主义者,他对于这个理想有一段经典表述(尽管还是借用了传统的"不偏不倚"之话语),在他写给剑桥大学出版社以及各章作者的信中,说道"我们的目标是作者行文中不会显露出他本人所属的国家、宗教或党派",并且"我们记述的滑铁卢战役应该让法国人、英国人、德国人和荷兰人都满意"。然而,到了 20 世纪 30 年代,美国历史学的两位领导者贝克尔(Carl Becker)和比尔德(Charles Beard)却认为历史写作要全然客观是不可能的,那只是一个"高贵的梦想"而已。①

报纸同样宣称自己是不偏不倚的,比如说,在 1688 年,《伦敦新闻报》(London Courant)就承诺它只为读者提供"如同一位毫无偏见的历史学家那样正直的"信息,"如同事物实际发生那样去展现

---

① P. Novick, *That Noble Dream: The "Objectivity Question" and the American Historical Profession*, Cambridge 1988, 252-264.

它"。① 有时，这一理想会直接通过报刊的名称表现出来，比如1825年在爱尔兰创办的《公正报道》(*The Impartial Report*)。到了20世纪，类似的宣称就会使用一种标榜"客观性"的话语。比如在20世纪20年代的美国，"客观性成了这个行当公认的理想，成为新闻事业的目标或者使命的一个部分"。②

要思考研究者和他们所研究的文化之间的关系，我们还可以借用社会学家埃利亚斯（Norbert Elias）对"投入"（involvement）和"超脱"（detachment）这组关系的论述。"超脱"被卡尔·曼海姆（埃利亚斯曾经和他在法兰克福大学共事）认为是他所谓"超然的知识分子"（free-floating intellectual，德语 *freischwebende Intelligenz*）的主要特征。对历史学家来说，与过去保持一定"距离"以及尽可能地接近过去是两种截然不同的方式，这两者都有各自的拥趸。③ 在19世纪，兰克和他的追随者们（包括阿克顿勋爵）都倾向于观察过去时与之保持相当的距离，而米什莱（Jules Michelet）和卡莱尔（Thomas Carlyle）都把自己视为历史事件的主导者和亲历者。

2. 四阶段

从获取知识到使用知识有很长的过程，我们可以将其分为四个

---

① 引自 A. Pettegree, *The Invention of News*, New Haven CN 2014, 267。

② M. Schudson, *Sociology of News*, New York 2003, 83。

③ N. Elias, *Involvement and Detachment*, Oxford 1987; M. S. Phillips, *On Historical Distance*, New Haven CN 2013.

主要阶段：收集、分析、传播和应用。当然，各阶段还可再细分，后文将述及。无需多言，这四个范畴本身也不是全然固定的，相互间会产生流动。举例而言，"观察"不仅仅是一种理解事物的方法，观察行动需要有"前理解"才能更有效。我们可以设想下，假如一个盎格鲁—撒克逊时代的英格兰人来到了今日的伦敦，他很难理解所看到的大部分事物。

"收集"和"分析"这两个阶段都是不可或缺的，尽管如此，人们通常会认为"分析"更加重要。在 19 世纪，研究数学和哲学通常被认为是一种"较高"的追求——相比于自然史而言，因为这两者被看作分析性的，而自然史则仅是描述性的。同样，"分析"的反面就是"仅对未经加工的事实进行收集"。确实，很多科学家认为"一切的物理科学都渴望最终成为数学"。基于类似的考量，维多利亚时代的博学家斯宾塞(Herbert Spencer)声称，社会学与历史的关系，"就像是高楼大厦的建造需有大堆的石头砖块"，而且"历史学家所能做出的最高级贡献就是叙述各个国家的生死兴衰，这能为比较社会学提供材料"。

（1）收集知识

对信息的获取包含"收集"这一步，从字面意义上看，就比如为了医疗或者植物学研究的目的去收集花草植物，收集各种石头作为地质学的样品，又或是其他。这些物质性的东西十分接近于人们

所得的未经加工的"数据",然而,即使在此类过程中,收集者选择物品的标准也是被他们的文化所决定的。换言之,在收集的过程中,由"生"至"熟"的加工过程已经开始了。我们从其他形式的信息收集活动里也能发现"选取"本身的复杂性——甚至可能更强,例如历史学家研究档案文件或是新闻记者对政客进行采访。在这两种情况中存在着双重过滤,政客和档案文件的制作者本身已经从事了信息的选择,而记者和历史学家进行了另一次选择,其中每个人都怀着自己的目的。

在过往的多个世纪中,个人为了寻求知识往往需要远行。在阿拉伯语里有个特别的词组形容这种远行:"持笔的探求"(talab al-'ilm),人们还会经常引用穆罕默德的一句话:"要寻求知识,即便它远在中国"。14世纪的历史学家伊本·赫勒敦(Ibn Khaldun)曾经指出,当时北非的马格里布之所以学问能够兴盛,多亏了那些去巴格达或大马士革等学术中心旅行的人们回到马格里布,并传播其所学。更具野心的人物是出生在摩洛哥的伊本·白图泰(Ibn Battuta),他真正遵循了穆罕默德的教诲,旅行足迹远至中国。①

在欧洲,中世纪的学生们或是游学者们,总是在各个学院之间旅行。这种习惯被称为"学术游历"(peregrinatio academica),迟至近代早期还屡见不鲜,甚至在今日也有复活之态。到了20世纪,学者们远行是为了从事"田野考察"(fieldwork),不论是为了收集

---

① R. L. Euben, *Journeys to the Other Shore: Muslim and Western Travelers in Search of Knowledge*. Princeton NJ 2006.

第三章 过程分析

植物学或地质学研究的样品,还是像人类学家那样,为了以更亲近的方式去研究不同的文化。历史学家同样需要旅行以收集知识,比如去档案馆搜集资料,或者,对口述历史研究来说,需要采访许多人士,记录他们对过去事件或经历的记忆。

就以上这些例子而言,收集知识并不仅仅是采集花朵或海边的贝壳,它包含着许多环节,比如观察、提问或者宽泛意义上的聆听别人的话语。

观察

观察不仅是简单的观看,它也可以被描述为一种"细览"(close looking),即一种渗透着特别思想观念(即使还没上升到理论)的实践活动。它可以有很多种形式,不同的情况需要不同的技巧,观察意图也因人而异。比如说,天文学家观察星象,或者医生根据病人症状来做出诊断,都属于此类。

形式多样只是其一,同样重要的是,这种实践活动在过去的几个世纪里不断发生着变化。比如 15 世纪的天文学或是 16 世纪的医学,其中"无论在言语还是实践上,观察都从一种粗糙的乡间或是修院活动转变为成体系、可出版的学问"。观察原本只是"方法性的、经验的取向",而且"拘泥于细节",但逐渐转变为"科学性检验和论证的一个部分"。[1]17 世纪被称作"一个观察的时代",尤

---

[1] L. Daston and E. Lunbeck, *Histories of Scientific Observation*, Chicago IL 2011, i; R. Hoozee (ed.) *British Vision: Observation and Imagination in British Art, 1750-1950*, Ghent 2007, 12.

其是在荷兰地区。更确切地说,这个时期观察活动之所以有很大改变,得益于望远镜和显微镜的发明。大约在同时,许多文人(其中包括医生)都宣称自己掌握了通过观察别人面部表情变化从而"读心"的技巧。到了18世纪,临床医学上的"观察"更被人们看重。1770年,荷兰哈勒姆(Haarlem)的一个学会颁发征文奖,奖励讲述优秀观察技巧的文章。而到1790年,"人类观察者学会"(Société des Observateurs de l'Homme)在法国成立。

在19世纪,许多讲述"如何观察"和"观察什么"的图书陆续出版。克劳塞维茨在他著名的《战争论》当中就强调了军事观察的重要性。而历史学家施洛策尔(August von Schlözer)则讨论了一种他所谓的"统计的凝视"(statistical gaze),这种"凝视"指的不是对数字的观察,而是研习政治的学者对不同国家的仔细审视。今天我们所谓的"19世纪的政府革命",其中重要的部分就是以政府的立场对社会情况进行系统性的调查,包括一系列"统计数据"(现代意义上)的采集。这个过程中需要各方面的"专家能手",比如调查员、医学官员、帝国公务官员、统计学家,以及其他"有知识的中介",同时,还要做大量的社会调查,提供有关贫困、识字水平、疫病等各种信息。[1] 从古代中国到以色列,人口调查其实是一项古老的统治行为,然而,对于国民各项情况的常规性调查只在19世纪才开始变得普遍。

---

[1] O. MacDonagh, "The nineteenth-century revolution in Government: A reappraisal", *Historical Journal* 1 (1958), 52-67; R. M. MacLeod, *Government and Expertise: Specialists, Administrators and Professionals, 1860-1919*, Cambridge 1988.

第三章 过程分析

在 19 世纪和 20 世纪之交，一种特别的观察形式发展起来，其主要目的是为了打击犯罪，当然，其中某些技巧可能有更广泛的应用场景。金兹伯格（Carlo Ginzburg）在 20 世纪 70 年代就已经指出，尽管宣称"没有什么比细节更重要"的大侦探福尔摩斯只是个虚构人物，但他的同时代人中包括揭示出舌头的细微活动重要性的弗洛伊德（Sigmund Freud），以及学者兼音乐家莫雷利（Giovanni Morelli），莫雷利创造了一套特别的鉴定绘画作者的方法，即通过仔细观察画面的细节——比如布料的样式、人耳的形状等，这些细节能体现出每个画家（有意无意间）独特的风格。①

洛卡德（Edmond Locard）1910 年在里昂创建了第一家侦查实验室，他有时也被人称为"法国的福尔摩斯"。洛卡德讨论了人类活动在物质文化层面留下的痕迹，那些无声的证据，他也因此而出名。根据他所说的"交换原则"，罪犯会带入一些东西到犯罪现场，甚至细微到地毯上的几束头发，同时他也会带走一些现场的东西，这就给侦探提供了将个人、场景和事件联系起来的线索。今日的刑侦探员当然可以利用很多洛卡德时代无法想象的先进技术手段，但他们在总体上依然继承着洛氏的思路。

人类学家和社会学家们正在进行一种相对更新的观察方式，这就是"参与式观察"，该说法可以溯源到 20 世纪 20 年代，指的是在某种情形下，观察者本人就是被观察群体中的一员，但他却是受局

---

① C. Ginzburg, *Clues, Myths, and the Historical Method* (1978), English trans. Baltimore 1989.

外的研究者指派的。到如今，情况有了变化，局外人会主动加入他们想研究的群体，并在该环境中尽可能显得不突兀。[①] 当然，从20世纪80年代以来在美国和英国大行其道的，还有闭路电视摄像的应用，这是现代"监视社会"的一个最明显的象征。

委派考察

由政府资助、委派考察队远行寻求知识，这种行动至晚可以追溯到15世纪，葡萄牙的统治者斐迪南和伊莎贝拉资助哥伦布（Columbus）出海寻找到印度的新航路，而后者在其途中发现了新大陆。在1570年，西班牙的菲利普二世派遣御医弗朗西斯科·埃尔南德斯（Francisco Hernández）到墨西哥和中美洲地区，寻找具有医疗用途的新植物。然而，从18世纪开始，到地球各个地方的科学考察才变得频繁起来，其中大部分都是由欧洲各国的政府派出，包括英国、法国、西班牙、葡萄牙、俄国等等。[②] 参加这些考察的主要有天文学家、植物学家、博物学者和矿物学家，有时还会有艺术家。对于学者来说，参加这些考察队的目的主要是自己获取知识，而对于组织者——通常就是各国政府而言，考察构成了帝国开拓事业的一部分。来自世界各地的生物样本被收集至一处，1790年马拉斯皮纳

[①] J. Platt, *A History of Sociological Research Methods in America, 1920-1960*, Cambridge 1996.

[②] J. Delbourgo and N. Dew, *Science and Empire in the Atlantic World*, London 2008; D. Bleichmar, *Visible Empire: Botanical Expeditions and Visual Culture in the Hispanic Enlightenment*, Chicago IL 2012.

第三章 过程分析

考察队在太平洋地区的考察成果就是一万六千株植物和种子被带回了西班牙的皇家植物园。而1838年一支美国考察队前往巴西,带回大约五万个物种样本,在官方表述中,此次考察的目的就是"拓展科学研究的边界,推动新知识的获取"。

要更好了解此股群体性的知识寻求热潮,我们可以选择个案来看,比如库克船长(Captain Cook)的第一次太平洋航行之旅(1768年至1771年),那次旅行的足迹远至巴西、塔希提、新西兰和澳大利亚。他此次远行,是受英国皇家学会的委派,对难得一见的"金星凌日"这一天象进行观测,从而能帮助计算出地球和太阳之间的距离。因此,跟随库克船队出发的还有一位皇家天文学家(Astronomer Royal)的助手。另外,也是出于皇家学会的要求,加入考察队的还有约瑟夫·班克斯,当时他只是一位业余学过一些植物学的年轻人(还没有成为前一章中提到的那个中年"知识管理者"),班克斯还带着几名助手,包括两名博物学者(其中一人就是瑞典人索兰德[Daniel Solander],他曾跟随著名的博物学家林奈学习)负责收集动植物的样本,两名画家负责记录航海沿途所见的风景和异域人群。

支持这支船队的不仅有皇家学会,还有英国海军。海军上层对纯科学兴趣不大,而更希望考察队能收集到对帝国开疆拓土有用的知识,他们对库克下令,要求他去寻找那些未知的土地,从而能将其纳入大英帝国的版图。的确,库克通过航行最终绘出了新西兰和澳大利亚部分海岸线的地图。事实上,他得到的指令是非常细致的，要求他"仔细观察那里土地和物产的各种特点，包括土地上的野兽和飞禽，以及河流和海洋中的鱼类；如果你发现了任何矿藏、矿产或者宝石，务必将每种样品都带回来，同样，你还要收集树木、水果和谷物的种子样本"。①

虽然库克船队对"金星凌日"的观测并没有太大成果，但他们确实完成了指令中交代的许多任务。比如他们看到的"野兽"中就包括袋鼠，他们在澳大利亚的海岸（现在被命名为博特尼湾，即"植物学湾"[Botany Bay]）发现了许多新的植物，其中包括一种带刺的花，就是今天所说的班克木（Banksia）。班克斯本人不仅对植物感兴趣，还有意观察航行中遇到的不同土著人的"礼仪和风俗"。有学者指出，班克斯对于太平洋地区的观察，其眼光并不是纯净客观的，而已被他所受的古典教育"染了色"，比如，他在塔希提岛看到的就是"宛如世外桃源（arcadia）一般的美丽图景"。②还有学者指出，班克斯对学习当地的语言表现出很大兴趣，最著名的就是他学习塔希提语，他还仔细地观察了土著的服饰、礼仪，还有包括食人和文身在内的各种习俗。③在新西兰，考察队遇到了一群毛利人，班克斯坚持要买下一颗被敌人杀害的毛利人的人头，并将其带回英国。④

---

① B. Smith, *European Vision and the South Pacific*, Oxford 1960, 16.

② Smith, *European Vision*, 48; N. Thomas, *Discoveries: The Voyages of Captain Cook*, London 2003, 63.

③ N. Thomas, *Discoveries: The Voyages of Captain Cook*, 53, 71, 79, 82, 105, 125, 129, 149.

④ N. Thomas, *Discoveries: The Voyages of Captain Cook*, 108.

第三章 过程分析

贮藏和保存

信息被收集起来后,为了加以利用,人们就需要将其"贮藏"和"保存"起来,最常见的方法就是书写记录。对于上文提到的科学考察队,以及个体出行的人类学家和民族学家们而言,书写"田野笔记"就是一项重要的工作。而对于政府主导的人口调查或其他社会调查来说,信息收集最后以登记册、公文报告等形式呈现,当然,最近人们已经用上了电子数据库。

随着各种需被贮藏的知识蜂拥而至,如何将它们安全妥帖地保存便成了问题,而档案的出现成为一种解决之道。在近代早期的欧洲,公务员们经常在自己家中工作,其结果就是,他们把政府公文当做自己的私有财产,使他们的继任者很难取得。从高效行政的角度去看,这是种极大的不便利。1567年,伊丽莎白女王给法院主事官写信时就抱怨道:"我们整个法庭的记录,居然都收藏于个人之手,这是非常不合适的。"因此,当时的政府纷纷仿效这方面居于先驱的罗马教廷和威尼斯公国,开始建档案馆,设立看守和准予进入阅览的规章。到了19世纪,档案馆逐步向公众开放,而"档案馆员"也成为新兴的职业。有时,对于政府希望销毁的文件,档案馆员则会竭尽所能将其保存下来,比如在1851年英国的人口普查后,英国公共记录办公室(English Public Record Office)的第一任主任帕尔格雷夫(Francis Palgrave)就是如此。然而,只有到了近期,历史学家们——尤其是知识史的研究者们才把档案本身看作一个重要的研究对象,而不是仅将它用作研究其他历史的原始材料而已,有关档案

研究的论著到最近才开始多见。①

在中世纪早期的欧洲,书籍还比较稀少,各种抄本是当时重要的信息载体,而那些大修道院的图书馆便成为贮藏知识的主要场所。在中世纪晚期,书籍的数量不断增加,而到印刷术发明之后更是带来一波爆发,如何收藏就成为日益严峻的问题。梵蒂冈图书馆是当时欧洲最重要的图书馆之一,1475年时它有两千五百卷藏书。到1600年,维也纳的国家图书馆藏书数量是一万卷,但是,到1738年,这数字增长到了二十万卷。1856年大英图书馆藏书量是五十四万卷。时至今日,美国国会图书馆收藏的书籍文献总数达到了令人惊叹的一亿件。②而且,衡量文献的单位也从"本"变成了"件",因为今日图书馆中还有大量诸如磁带、光盘、数字视频等保存信息的新形式。对于政府部门而言亦是如此。1872年,巴黎警方首次开始使用照片来鉴别罪犯。而20世纪70年代美国"水门事件"的发生,则向政府部门和调查记者展现了谈话录音这种形式的重要性。

所有这些物件都需要空间来存放,近代以来档案馆员和图书馆员面临的一大问题就是要为这些无止尽不断涌入的"新收藏"找到

---

① R. Head, "Knowing like a state: The transformation of political knowledge in Swiss archives 1450-1770", *Journal of Modern History* 75 (2003), 745-782; F. De Vivo, "Ordering the archive in early modern Venice", *Archival Science* 10 (2010), 231-248; A. Blair and J. Milligan, (eds.) "Toward a cultural history of archives", special issue of *Archival Science* 7 (2007).

② 有关图书馆的历史可以参考 M. Battles, *Library: An Unquiet History*, Cambridge MA 2003。

第三章 过程分析

贮藏空间。举例说，在1906年，意大利国家档案馆的收藏案架面积已经达到163932.57平方米。而美国联邦调查局（FBI）在1981年时收藏的各类卡片超过了六千五百万张。从这个角度看，数字革命的到来恰逢其时，信息的载体从地上移到了"云端"。2003年，联邦调查局上传的在线文件大概有十亿件。

当然，保存知识的反面就是丢失知识。人类历史上知识的失传经常发生，其中包括宏伟的亚历山大图书馆被焚毁这样的著名事件。除了意外失传，还有一种情况是知识被主动地抛弃，有些书籍和抄本会被图书馆员和档案馆员"拒绝藏入"，换句话说，就是丢弃。1928年意大利的人口调查之后，政府原准备将大量的调查文件丢弃，但著名的统计学家基尼（Corrado Gini）反对这一做法，并利用这些文件发展出一套取样分析的新方法。从更宽泛的意义上说，人类历史上有很多知识门类，比如炼金术、颅相学、优生学等等，在今日饱受攻击，早就成为过去。尽管它们有时会以某种方式复活，但总体上看，现代学院世界中已没有它们的位置。[1]

检索

当下我们利用电子数据库可以进行快速的检索，这对于旧的检索体系是很好的补充，甚至已经取而代之。回溯过去，最古老的知

---

[1] J. Raven (ed.) *Lost Libraries*, London 2004; Burke, *A Social History of Knowledge*, vol. 2, 139-159.

识检索方式毫无疑问就是人自身的记忆，有时某种"记忆法"训练也能产生助益。无论在古典时期，还是文艺复兴时代，"记忆法"往往是将所要牢记的事物与某些生动的形象联系在一起，这些形象被安置于一个想象的场所当中，比如记忆宫殿或记忆剧场。① 在印加时期的秘鲁，人们往往使用带有绳结的彩色绳索来帮助记忆，这被称为"基谱"（*qipus*）。②

对于图书馆和档案馆而言，如何将书籍文件有效地排列组织，使得检索时快捷方便，这是一个古老的难题。在近代早期的大档案馆——比如威尼斯政府的档案馆中，除了目录，还有人名和主题的索引；而其他的档案馆则倾向于把文件资料按照时间顺序来排放。到19世纪，一种新的档案文件组织方式开始出现，那就是按照其"出处"，换言之，按照产生档案文件的机构进行整理编排，这样，研究者们就能更容易地了解过去行政管理者的工作。

图书馆也面临和档案馆类似的问题。对于藏书不超过几百本的小型图书馆来说，处理方法很简单：编纂一份目录，告知查阅者在哪一书架可以找到相关书籍。然而，图书馆越大，查找越困难。古代世界最为著名的图书馆是公元前3世纪建立的亚历山大图书馆，其中收藏了大量的抄本，所以阅读书稿内容花的时间要远远长于现代的书籍阅读。而且，要在五十万卷书稿中进行检索并非易事，人

---

① F. Yates, *The Art of Memory*, London 1966.
② 原文如此，这个词一般写作"*quipus*"。——译者注

第三章 过程分析

们在书卷的边缘贴上标签,在存放书卷的箱子上作好标记,此外,当时还有一种创新,就是按照作者和主题来编写目录,后来这成为传统。这些目录最早是被写在书卷上,后来被写入合订本,最后人们将其写在卡片上,并分不同的抽屉编排。在晚近,美国图书馆员梅尔维尔·杜威将卡片的尺寸标准化,长125毫米,宽75毫米,他还创立了一家公司——"图书馆服务社"(Library Bureau),专门售卖卡片以及存放卡片的文件柜等其他用品。学者们也很快发现卡片是组织笔记的一种便利方式,于是17和18世纪学者常用的那些易损的纸条很快被取代。甚至到了数字时代,还有学者依然使用卡片来做笔记。

按书籍主题编目这一方法,在解决问题的同时又引发了新的问题。如果我们借用柏拉图"哲人王"的理念,或许可以说,在理想的图书馆中,图书馆员应该是一名哲学家,而哲学家则应该成为图书馆员。这也确实发生过,最著名的例子在德国的沃芬比特尔(Wolfenbüttel)图书馆,哲学家莱布尼茨在那里工作,从1691年一直到他1716年去世。莱布尼茨把哲学家组织知识和图书馆员整理书籍这两种兴趣很好地结合在一起。他主张更为实用的分类法,而不是仅依照逻辑,他说过"那些管理图书馆的人常会无法决定将某本书置于何处,因为有两到三个位置看起来都一样合适"。在他作为图书馆员的日子里,他乐于接受传统的图书分类法,即按照学术科目来分,比如艺术、医学、法学、神学等,但同时他又在必要时引入新的分类,比如那些讲述手工技艺的书籍,他就将其置于"技术"

(*mechanica*)和"经济"(*oeconimica*)类中。①

最著名的图书分类体系还是由梅尔维尔·杜威发明的,被称为杜威十进位图书分类法(Dewey Decimal Classification,DDC),该著作1876年首次出版,在之后的版本中分类法被不断扩展和改进,总共出了18版。世界上许多地方的图书馆都在使用这种分类法。它还启发了比利时人保罗·奥特勒(Paul Otlet),后者一直试图从总体上对人类知识进行再组织,"将世界编目",从而能为世界和平甚至是一个世界性的政府做出贡献(奥特勒活跃在20世纪前半期,他是国际联盟的热心支持者)。奥特勒醉心于新的技术,在当时主要是缩微胶片和电报,他梦想中人类知识的组织体系已经超越了单纯的书籍,而是图像的收集、声音的档案馆。在20世纪30年代,他就在想象一种信息的"世界网络",这在概念上与今日的互联网相差不远。②

书籍的大量增多,不仅让图书馆员增感头疼,对读者也是挑战。有一种说法流传很广,"知识本身有一半是关于如何找到它"。萨缪尔·约翰逊(Samuel Johnson)曾经和他的友人博斯维尔(Boswell)这么说道:"世上的知识分为两种,一种是我们本身就知道一些东西,另一种是我们知道去哪里可以找到有关这东西的信息。当我们

---

① H. G. Schulte-Albert, "Gottfried Wilhelm Leibniz and Library Classification", *Journal of Library History* 6 (1971), 133-152.

② A. Wright, *Cataloging the World: Paul Otlet and the Birth of the Information Age*, New York 2014.

第三章 过程分析

想研究某个问题时，首要的事情就是要知道有哪些书可以参阅，接下来，我们就要去看目录，并去图书馆书架找到这些书"。在不同时代，寻找书籍的过程也在发生变化。从 17 世纪早期开始，各种主题参考书目的印刷出版对读者帮助很大。时代变化迅猛，早在 1664 年，有学者就提出，出版一本有关各科参考书目的书目集很有必要；同样的，一本关于辞典（包括百科全书）的辞典在 1758 年出版。

找到一本对的书还不够，关键问题是要找到准确的信息。因此，从古腾堡时代以来，各种有助查找的形式，比如内容目录、索引、章节或者段落提要都被添加到了书籍当中。由于各种目录、表格和图像在书中越来越常见，人们就需要学着去读懂它们，有时这被称作一种"参考识字能力"。

对于那些希望在很短时间内获取关于某主题之信息的人而言，百科全书（无论篇幅大小、全科还是专门）长久以来都提供了很好的选择。在西方如此，在伊斯兰世界和东亚世界亦然。中国人编撰百科全书的传统可以追溯到公元 3 世纪，当时的百科全书知识覆盖范围极广，西方要到很久以后才有类似书籍能与之相匹。到 15 世纪早期，《永乐大典》出版，有超过两千名学者参与此书编纂，全书超过一万卷，印刷耗费极巨。其后在清代编成的《古今图书集成》卷帙浩繁，共有超过七十五万页，不论何种角度来看，这都是世界上曾出版过篇幅最长的书籍。

如何将数量巨大的信息组织编排起来，不仅对中国人来说是件难事，法国的《百科全书》（*Encyclopédie*，1751 年至 1765 年编辑）

和英国《大英百科全书》(*Encyclopaedia Britannica*,首版编于1768年至1771年)的编者们也深知其中甘苦。西方百科全书的传统编排方法是按主题排列,也就是按学院科目分,与图书馆近似。然而,令人遗憾的是,法国《百科全书》的编者选择了他们称之为"辞典原则"的编排方法,换言之,条目按照首字母顺序排列。这一方法在中国肯定行不通,因为中文不使用字母系统。中国人的传统方式是先区分三个大部(天、地、人),而后再分出许多小类目。

在最近几十年,百科全书开始转到互联网线上。《大英百科全书》在线版的规模并不比"维基百科"(Wikipedia,2001年上线)要小,这也昭示着人们搜索信息方式的巨大变化。这种变化让某位学者感叹,我们现今生活在"搜索引擎社会"。互联网在线搜索,和在图书馆里检索一样,都需要特定的技巧。我们所说的"在线搜索能力"已经逐渐取代了旧时代的阅读能力。一方面这代表着我们的很多问题都能得到丰富答案,另一方面,人们也要认识到,搜索引擎也存在着某种内置的偏差,这往往是商业广告宣传带来的。[1]

(2)分析知识

谈过了"检索",我们接下来要讨论"分析"。"分析"是一个技术性的术语,在不同的学科中差别很大:比如代数分析、分析化学、分析哲学、光谱分析、组织分析、精神分析等,涵义各有不

---

[1] A. Halavais, *Search Engine Society*, Cambridge 2009.

第三章 过程分析

同。举例而言,在化学当中,"分析"包含把物质分解成更小的成分这一涵义。与之截然不同的是,历史分析却基于一种综合的手段,即把信息的片段进行组合,以建构出关于事件或者趋势的解释,整个过程近似于玩拼图游戏。在社会学和人类学中,"功能性分析"是20世纪中期很常见的一种取向,意思是——和精神分析差不多——拒斥行动者自己给行动做出的解释,而做出一种更有意义的新解释。

然而,在下文中,我们所说的"分析"更类似于之前提到过的"烹饪",也就是说,这是一个把信息转化为知识的过程,通过各种实践活动诸如描述、量化、归类以及证实等。这些实践活动本身也有发展的历史。例如,在17世纪所谓的"几何方法"大行其道,人们将其运用到从物理学到伦理学、政治学甚至是历史学等各种学科当中。霍布斯的名著《利维坦》(*Leviathan*,1651年出版)就是很好的例子,他的友人奥布雷曾经说霍布斯"酷爱几何"。斯宾诺莎曾经在他1677年出版的《伦理学》中谈到过"以几何的方式证明",列出各种公理,并以之推导出结论。在1679年出版的一部论著中,法国主教于特(Pierre-Daniel Huet)企图将基督教真理建立在某种形式的"公理"之上,例如,他声称"对于历史书写来说,只要它书写过去的方式和过去事件同时代或大概同时代的许多书籍类似,那么它就是真实的"。苏格兰神学家克雷格(John Craig)是牛顿(Issac Newton)的友人和信徒,在1699年他写成了《历史证据的规则》(*Rules of Historical Evidence*)一书,其中充满了各种公理和定律。不幸的是，和于特一样，这些公理和定律实际上相当陈腐，只不过用了一些数学和物理学的语言来重复老生常谈。例如，他们认为，历史"证词"的可信程度与目击者距离该历史事件发生的实际距离相关。

描述

"描述"通常被认为是和"分析"相对的，然而，对观察对象的细致描述实际上是分析过程中必不可少的一个阶段。和"观察"一样，"描述"看起来仿佛是一种不会受时间影响的实践活动，其实不然，它也有自己的历史，随着时间的推进，它变得越来越精确、系统化和专门化。例如，在西方，描述地点这一传统可以追溯到古希腊人，最著名的就是斯特拉波（Strabo），而对植物和动物的精确描述则可以回溯到文艺复兴时代。尤其是对植物的描述，随着历史的演进而变得更细致、更精确、有更多方法诞生、更注重一种植物与其他植物的区别，因此，描述植物越来越依赖插图，以补充文字描述不能展现的信息。① 学者们认为，17世纪的荷兰绘画是一种"描述的艺术"，相对的是被称作"叙事艺术"的意大利绘画。这种区别和地图绘制也有关联，荷兰人当时在地图绘制这个领域占据主导地位。此外，相关的还有借助显微镜的观察活动，而显微镜也是荷兰人在17世纪发明的。② 以类似的视角去看，一些英国画家也被认为是自然或社会的"高超的观察者"，比如霍加斯（Hogarth）用他那

---

① B. W. Ogilvie, *The Science of Describing*, Chicago IL 2007.

② S. Alpers, *Art of Describing*, Chicago IL 1983.

第三章 过程分析

敏锐的目光观察社会风俗和礼仪的细节,而康斯坦伯(Constable)则对树木和云层的准确形式极为注意。①

在近代早期,那些古物研究者,也就是专门研究过去物质遗存的学者,对他们的发现的描述变得越来越精确,也会带有插图,最著名的例子就是18世纪英国学者斯蒂克利(William Stukeley)对巨石阵的描述。自18世纪晚期开始,法国和其他地方的警察开始看重对嫌疑罪犯的精确描述。和植物学家一样,他们在执行任务时使用画像(后来使用照片)来辅助办案。近代早期威尼斯公国的大使们被要求在他们卸任回国时提供一份"报告"(*relazione*),详细分析他们出使国的优势和弱点。18世纪之后,各个科学考察队也撰写了大量的报告,描述他们的发现。到了19世纪,各国政府官僚体系的运作中提交报告变得越来越普遍。在该时期的英国,一系列的委员会报告与政府行动的开展密切相关:例如1832年有关工厂童工和女工工作条件的《塞德勒报告》(Sadler Report)、1850年对大英博物馆的调查专员报告,以及1854年有关行政部门改革的《诺思科特—屈维廉报告》(Northcote-Trevelyan Report)。

前文提到,19世纪有些学者对这种"单纯的"描述(比如博物学者做的)很不以为然。作为回击和辩护,出现了两种不同做法:第一种将描述和解释联系起来,我们在本书后面的章节中会讨论。第二种则是通过量化的手段将描述变得更加精确。

---

① Hoozee, *British Vision*, 12.

量化

为了变得更加精确,"描述"有时需要加入某些计量的因素,或者是其他的数字。18世纪的一些科学家试图对地球进行测量,甚至想计算它的重量。在19世纪,化学家们对不同物质进行量化分析,试图找出它们构成元素的比重,物理学家测算物质和能量的变化,而天文学家在收集有关星体的数据。亚历山大·洪堡(Alexander von Humboldt)就是因其在不同科学学科中的贡献而出名,从植物地理学到地球物理学,他一直运用计量方法,并拥有许多科学实验工具。而高尔顿(Francis Galton)则是生物统计学发展进程中非常关键的人物。

社会调查当中也出现了越来越多的数字和表格,因此,"statistics"一词在此时也有了"统计学"这一新涵义,而此前它的涵义指的是"政治计算"。在18世纪末,法国政府在孔多塞等顶尖数学家的帮助下,成为收集和分析数据的先行者。[1] 新的视觉表达形式纷纷出现,比如曲线图、饼状图等,从而更快更直观地展现数据测算的结果。18世纪末的英国人普莱菲尔(William Playfair)就是这一领域内的先驱者,他原本是名工程师,后来转行成了经济学家。[2] 到19世纪下半叶,许多欧洲国家的政府里都有了统计部这个部门。社会科学的

---

[1] J. C. Perrot and S. Woolf, *State and Statistics in France, 1789-1815*, New York 1984.

[2] T. Frängsmyr, J. H. Heilbron and R. H. Rider (eds.) *The Quantifying Spirit in the Eighteenth Century*, London 1990; E. R. Tufte, *The Visual Display of Quantitative Information*, Cheshire CT 1983.

第三章 过程分析

学者们也在紧追这一潮流，经济学家们开始计算"自然生产总额"（gross natural product），研究选举的学者（有时被称作"选举学家"[psephologists]）开始关注票数分布，社会学家也开始分析各类数据，以找出犯罪、教育、健康等各个领域变化之间的关系。人类学家们开始转向"人体测量学"，对人体尤其是头骨进行测量，以区分不同种的人群。这种技术同样被法国警察阿方斯·贝蒂隆（Alphonse Bertillon，他是一位统计员的儿子）采用，以人们的各项生理数据来进行鉴别。

与之形成对比的是，在人文领域，人们对计量方法的接受要缓慢得多，它的适用性也存在很多争议。在文本研究中，量化的内容分析（比如计算某一个词出现的频率）常常被用来鉴定某个匿名作品的作者。至于历史学，到20世纪中期，有一群学者试图在经济、社会和政治历史的研究中引入量化的方法，但他们的论敌往往会嘲讽地称其为"cliometrics"——历史女神的计量学。①

将知识归类

精确的描述有助于归类的过程，最好的例子就是18世纪著名的瑞典学者林奈，他的雄心通过他最著名作品的书名就一目了然——《自然系统》（*Systema Naturae*，1735）。而在1753年，他又发表了有关植物分类学双名方案的论著，即给每一种植物都用两个名字来

---

① "cliometrics"当下也被译为"计量史学"，其中"clio"是古希腊神话中的历史女神克丽奥。——译者注

什么是知识史

命名,一个代表它的属,而另一个则表示个体的"种"。尽管林奈的这套命名体系引发许多争议,并被19世纪倾向于更加"自然"命名法的植物学家们抛弃,但他的方法却启发了其他学科内的许多学者,在对动物、疾病、矿物质、化学成分,甚至是云的分类当中,都能见到这种方法的影子。语言学家们也加入了分类法的大军,他们将相关的语种分入诸如"印欧"或者"乌拉尔—阿尔泰"这样的语系当中。

在各个学科中,有关分类的讨论不断出现,最终,知识本身不可避免地被视作一棵有着数不清分叉枝丫的参天大树。西方传统的知识体系受大学课程分类的影响,中世纪经院研习的科目里,神学、法学和医学这三者是与"文科"(arts)区别开来的。而更进一步,文科,或者说"人文学"(liberal arts),还分为较为基础性的"三学科"(*trivium*)——文法、逻辑和修辞学,以及更高阶的"四学科"(*quadrivium*)——数算、几何、天文和音乐。今日所说的学士学位,或者说"文学士"(bachelor of arts),最初指的就是这七门"人文学"的学习。而那些非学术性的知识,则以同样的方式被归为七门"技艺学"。这些"技艺学"包含哪些内容,学界有不同说法,但通常编织、农学、建筑、冶炼、商贸、烹饪、航海和战争等是被提到最多的。

中世纪之后的几个世纪里,人们提出许多想法,试图重新组织知识体系。比如,文艺复兴时期的人文主义者们就追随古罗马先贤,强调"人文研究"(*studia humanitatis*)的重要性,包括文法、

第三章　过程分析

修辞学、诗学、史学和伦理学。今天我们说的"人文主义者"和"人文学科"（humanities）两词就来源于此。弗朗西斯·培根把知识分成三个大类，每一类都和人类心灵的三种"能力"之一相关，比如与"记忆"这种能力相关的是史学，与"理性"相关的是数学和法学，与"想象"相关的是艺术。培根的分类体系被法国《百科全书》的编者们接受，并得到了修改，尽管《百科全书》本身的条目是按照字母排序的。培根还间接启发了杜威的十进位图书分类法，时至今日世界上很多图书馆还在使用这种分类法。

然而，在博物馆界，并没有一个像十进位图书分类法这样的方案，有关博物馆的物品如何分类编排，便存在许多争论。比如，在19世纪90年代，美国人类学家博厄斯（Franz Boas）对史密森学会（Smithsonian Institution）的展品陈列方式提出了严厉批评，在美国博物馆界掀起轩然大波。史密森学会展品是按照当时通行的方式陈列的，而这种方式背后的观念被博厄斯称之为"一种规整的文化演化的系统历史"，至于博厄斯本人欣赏的则是"收藏品的部族式陈列"，稍后发展为著名的"文化场域"（culture areas）概念。他按照自己的理念布置了纽约自然历史博物馆的西北海岸展厅，他把物品看成"他们所扎根的文化特性"的见证者。博厄斯说，展品能够"体现每一种文明在多大程度是它所处地理和历史环境的产物"。的确，按博厄斯的理论，一件物品无法脱离它所处的"环境"（或者用今日常说的概念就是"语境"）被加以理解。

为了阐述这个观点，博厄斯举"烟管"为例。他说："一支北美印第安人使用的烟管，不仅仅是印第安人用来抽烟的一件稀奇的工具，它还有许许多多其他的功用和意义，这些东西只有立足于当地人的社会和宗教生活才能理解。"因此，博厄斯偏爱在博物馆中展示"生活集合"，制作很多蜡像来表现人们使用物品的场景，为的是"将参观者带入不熟悉的环境当中"，从而能够从整体上去欣赏一种异文化。①

比较

将知识归类的过程，有赖于比较和对比。在 19 世纪中期，比较方法在学院世界开始盛行，其中最成功的领域之一是比较解剖学，换言之就是比较不同种属动物解剖结构的异同。早在 16 世纪就有学者开始比较人和动物骨骼的差异，但真正的开创者是法国人乔治·居维叶（Georges Cuvier），他运用比较方法，写成了《比较解剖学教程》（*Leçons d'anatomie comparée, 1800*）和其他论著，通过对大量化石片段的研究，重构出包括恐龙在内的已灭绝动物的样貌。

另一个系统运用比较方法、取得新发现的领域是语文学。其中的著名成就包括英国律师威廉·琼斯（William Jones，被称作"东方的琼斯"）在旅居加尔各答时提出了梵语和古希腊语、拉丁语的同源性；还有学者发现了两种词汇完全不同的语言（比如匈牙利语与芬兰语）之间结构的共同点。19 世纪该领域的杰出之作是德国人弗朗兹·葆朴（Franz Bopp）自 1833 年开始分卷陆续出版的《比较语

---

① I. Jacknis, "Franz Boas and exhibits", in *Objects and Others*, ed. George W. Stocking, Madison WI 1985, 75-111.

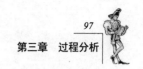

法》(*Vergleichende Grammatik*),葆朴是一位梵语教授,后来逐渐将兴趣拓展到"印欧语系"的诸语言。

对语言的比较也促进了对宗教和神话传说的比较。琼斯就曾提到印度神祇和古希腊、罗马诸神之间的相同点。德国语文学家马克斯·缪勒(Max Müller)最初是梵语专家,他在1856年出版了有关比较神话学的研究,并在1868年成为牛津大学比较神学的教授(这一新领域后来以"比较宗教学"而闻名)。比缪勒晚整整一个世纪的法国学者乔治·杜梅泽尔(Georges Dumézil)学术生涯的一大半时间都在研究古代印度、希腊、罗马、斯堪的纳维亚和凯尔特人神话传说之间的相似性,所有这些地方都说属于"印欧语系"的语言。杜梅泽尔早先研究的关注点在于神明本身的相似点,比如朱庇特(Jupiter)和奥丁(Odin)之间,[1] 后来则更关注神话体系(他称之为"思想体系")之间的比较,他强调了祭事、军事、农事三种不同神祇的关系,对应的正是潜藏于社会结构之下的"三种功能"。[2]

比较的方法并不仅仅被用于建立语言、宗教或是神话传说的谱系,它还有助于创造新的学术解释。正如前文提到,斯宾塞希望建立一门名为"比较社会学"的新学科。有些历史学家不满足于只为社会学家提供构建理论的原始资料,他们自己也从事"比较"的写作,比如波兰历史学家约阿希姆·勒勒维尔(Joachim Lelewel)在1831年出版了一本写西班牙和波兰之间"平行"历史的著作。英国

---

[1] 分别是古代罗马神话和北欧神话中的众神之王。——译者注

[2] G. Dumézil, *Mitra-Varuna* (1940), English trans. New York 1988.

哲学家密尔（John Stuart Mill）在1843年出版《逻辑体系》（*System of Logic*），其中反思了逻辑上探寻原因的过程中"比较"的作用，他强调了所谓"共变"（concomitant variation）的重要性，用今天的话说，就是两组数据之间的"相关性"（correlation）。

解释

通过以上论述可知，人们显然很难将"解释"和"描述"区分开来，甚至很难区别"解释"和"观察"。尽管如此，要区分什么是"解释性方法"并不是不可能。比较的方法提供了一种外部的视角，就像社会学和人类学中经常可见的功能分析一样；而解释性方法试图从内部去理解，这在很多学科中都能见到。这一方法已经有了几千年的历史，在许多文化中都存在，尤其是在对经典文本的研习中被系统化，这些经典文本包括《圣经》《古兰经》等宗教文本，也包括罗马法等世俗文本。在欧洲文艺复兴时期有一派法学家，他们按照当时所谓"高卢风格"（*mos gallicus*），即一种历史化的方式去解释罗马法，他们考察法律中主要概念的既往使用方式，试图重构立法者当初的意图和所处环境，用今天的话说，就是重建创制法律时的文化"语境"（context）。"语境"这个概念本身也有其历史演变过程。[1]

无论在新教还是天主教世界，采用类似的方式去研究《圣经》会带来很多危险，但不管怎样，在18世纪和19世纪，有一种倾向

---

[1] P. Burke, "Context in context", *Common Knowledge* 8: 1 (2002) 152-177.

第三章 过程分析

还是越来越强,即把《圣经》解释成一个历史的文本,或更准确地说,一些历史文本的合集。如何对《圣经》进行解释,以及如何解释古希腊和古罗马的经典文本,这两个问题密切相关,许多学者(最著名的就是德国神学家施莱尔马赫[Friedrich Schleiermacher]于此贡献心得,从而促成了"诠释学"(hermeneutics)的发展。诠释学逐渐成为处理文本的一般方法,而所谓"诠释学循环"的价值也不断被强调,人们参照文本的整体来解释局部,又依照局部来解释整体。在19世纪末,弗洛伊德在他的《梦之解析》(1899年出版)一书中将此方法拓展到了研究心灵无意识领域。对梦进行一种系统性解释早在古希腊就有,但弗洛伊德的诠释学则建立在一种新的基础上。

在20世纪,"解释"方法的使用被进一步拓展,这再次说明了一种学科中的方法能被移用于其他学科。艺术史研究者们开始在两种不同的层面开展对图像的解释,不仅仅是传统的"图像志"(iconography,即关心图像本身表现出来的内容)层面,更关心如何解释图像包含的更深层的文化意义,后一层面被它杰出的实践者潘诺夫斯基(Erwin Panofsky)称作"图像学"(iconology)。[1] 更晚些时候,有些音乐学的学者将他们自己的研究称作"音乐诠释学",这种取向"与精神分析学类似,专在前人认为无意义处寻找意义"。[2] 在考古学里也有些英国学者主张一种"解释的转向",他们称自己是在"阅读"

---

[1] E. Panofsky, "Iconography and Iconology" (1932), English trans. in his *Meaning in the Visual Arts*, Garden City NY 1955.

[2] L. Kramer, *Music as Cultural Practice, 1800-1900*, Berkeley CA 1990.

古物，为的是重构过去的意义。这种取向有时也被人称为"语境考古学"，尽管它是受英国历史哲学家柯林伍德（R. G. Collingwood）和美国人类学家格尔茨（Clifford Geertz）的直接启发所生，但不论其中参与者是否意识到，该"转向"也继承了德国诠释学的传统。①格尔茨和他的追随者们拒斥来自自然科学的外部分析模式，他们希望以新的方式解释人类行为，把不同的文化当作需要"阅读"的文本。解释人类学的实践者们把他们自己的研究形容为"深描"（thick description），这是一种包含了解释的描述，有点类似"图像学"。这既是对单纯"描述"在学界衰落的回应，同时也回应了其他人类学家对功能分析的过度强调。②有趣的是，当我们把"深描"这一观念引入历史学，我们会回想起两部重量级的历史著作，那就是布克哈特（Jacob Burckhardt）的《意大利文艺复兴时期的文化》（1860年出版），以及赫伊津哈（Johan Huizinga）的《中世纪之秋》（1919年出版）。

验证

如何知道我们的知识是可靠的？什么东西可以算得上证据或证明？每一个学科都要面对"验证"的问题。和"观察"或者"描述"一样，"验证"的方法也有其自己的历史，而对其的研究即被称为

---

① I. Hodder, *Reading the Past: Current Approaches to Interpretation in Archaeology*, Cambridge 1986; H. Johnsen and B. Olsen, "Hermeneutics and archaeology", *American Antiquity*. 57 (1992), 419-436.

② C. Geertz, *The Interpretation of Cultures*, New York 1973.

"历史认识论"。"历史认识论"关心的是历史中信仰验证方式和知识获取方式的不断变化。该领域里的先驱者之一就是哲学史家卡西尔（Ernst Cassirer），他关于近代早期欧洲知识问题的论著发表于1906年至1907年。在这本书的前言中，卡西尔批评了那种将"思想工具"（这指的就是一些基本概念）看作永恒的想法，相反，他认为每一个时代都有自己的思想工具。晚近的学者继承了这一研究路向，并进一步将"思想工具"的概念扩充，甚至可以包含某些科学技术工具，比如望远镜，后者在过去几个世纪里变得更大、更复杂，功能也更强。①

还有一本书提供了对过往实践非常生动的阐述，再次提醒我们"过去如异国"，这就是夏平（Steven Shapin）的著作《真理的社会史》。在书中，他讲述了17世纪英格兰的故事，最初的知识验证依靠的是对绅士之言的信任，后来则转变为在自然哲学家们见证下的实验操作。② 我们看到，自那时起，系统性的、可重复的实验确证了新的科学发现，这也成为"验证"方法转变的一个著名例子。有些学者认为，这一潮流体现了"手工匠人的方法一跃被训练有素的学

---

① E. Cassirer, *Das Erkenntnisproblem in der Philosophie and Wissenschaft der neueren Zeit*, Berlin 1911; L. Daston, "Historical epistemology"; H. J. Rheinberger, *On Historicizing Epistemology* (2007) English trans. Stanford CA 2010; J. Chandler, A. I. Davidson and H. Haroutunian (eds.) *Questions of Evidence: Proof, Practice and Persuasion Across the Disciplines*, Chicago IL 1994.

② S. Shapin, *A Social History of Truth: Civility and Science in Seventeenth-Century England*, Chicago IL 1994.

者所用"。① 实验方法最初出现在物理学和化学里，后来影响到了医学、农学、生物学和心理学等其他领域。

"实验"（experiment）一词本身就与"经验"（experience）有关，实验方法的兴起其实可以看作学术界更广泛之变化的一部分，那就是经验主义变得越来越重要。自诩为"科学"的学者们，以往一直看轻那些纯粹依靠经验的职业，比如治病术士或是手工匠人。然而，弗朗西斯·培根则以更为持中的方式评估其价值。他写道："那些操弄科学的人，或者相信实验，或者抱持教条。相信实验的人就像蚂蚁，他们不断收集；抱持教条的人就像蜘蛛，他们在自身存在之外编织出巨大的网；而走中间道路的其实是蜜蜂，蜜蜂从花园和野地里的花朵中吸取原料，然后用自己的方法去消化它。"

另一种验证方法发生变化的例子就是医学上尸体解剖法的出现，医生通过检查，判别是否需要解剖尸体来确认死亡原因，早先的诊断只是基于病人的症状，而解剖则提供了一种验证。尸体解剖有很长的历史，早在古埃及就已经出现，但直到18世纪它在医学中的应用才变得越来越重要。

第三个重要的例子是法制的变化。② 举欧洲中世纪为例，当出现纠纷时，法庭的传统做法是询问见证者，后者一般是当地有较高名望、记事久远的长者。但到了近代，新的方式是利用书写的文件

---

① E. Zilsel, *The Social Origins of Modern Science*, ed. D. Raven, W. Krohn and R. S. Cohen, Dordrecht 2000.

② B. J. Shapiro, *A Culture of Fact: England 1550-1720*, Ithaca NY 2000, 8-33.

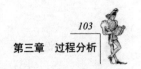

第三章 过程分析

作为证据（"证据［evidence］一词，原本指的是所有清楚明显的事物，在15世纪英国，其意义开始扩充，包含法庭上记录的那些文件）。①

人类对书写文本的信任，也经历了很长的过程。12世纪早期，在英王亨利一世与坎特伯雷大主教的一次争论中，国王的支持者们把罗马教宗写给大主教表示支持的一封信看成"只是一块羊皮上边画着些墨水而已"，根本不能与"三位主教的证言"相提并论。同样地，11世纪的一位穆斯林旅行家比鲁尼（al-Beruni）在谈到他不写书的原因时，引用了苏格拉底的话，"我不想把知识从活生生的人类心灵转移到死沉沉的羊皮之上"。尽管如此，自17世纪以后，口头证词在各种情境中的价值反而不断降低。社会中上阶层的人会把口头证词与底层民众的无知联系在一起，18世纪学者罗伯逊（William Robertson）在《美洲史》中就表达了这种不信任态度："这些对过去事情的记忆并不能保持长久，它们也无法被纳入忠实可靠的传统。"②仅仅在19世纪的民俗学研究者或20世纪的口述史学者那里，在口头材料被加以批判地研究的特定条件下，口头传统的价值才慢慢得到恢复。

在法制的实践中，另一个重要的变化是从讲"证据"转变成讲"可能性"。在16世纪，一些意大利的法学家们就已经开始区分"完

---

① M. Clanchy, *From Memory to Written Record*, London 1979.
② A. Fox and D. Woolf (eds.) *The Spoken Word: Oral Culture in Britain, 1500-1850*, Manchester 2003.

全的证据"和"部分的证据",然而又过了很长时间,法学家们才真正开始使用一些确定概念来形容部分的或者弱的证据,比如"推定证据",又或者是"道德确定性""环境证据""可能原因""超越合理性怀疑"等等。17世纪,当数学家和哲学家们开始探讨"可能性"问题时,他们借用了许多法学家的思想。比如,约翰·洛克在他的《人类理解论》(Concerning Human Understanding,1690)一书的第四章中谈到知识可能性时,引入了有关"程度"的重要讨论。反过来,法学家也可以借用洛克的思想,最著名的例子就是大法官吉尔伯特(Jeffrey Gilbert)在1754年出版的《证据法》(Law of Evidence)一书。①

在19和20世纪,侦破个人罪案(尤其是谋杀案)的方法变得越来越先进和系统化,这有赖于警察力量的壮大和职业侦探的出现。古罗马作家和修辞学家昆体良(Quintilian)早就指出在勘查谋杀案时血迹的重要性,近代早期的法学家们也讨论过有关"痕迹"(indicia)的问题。但是,至少在英语世界,有关探案"线索"的方法性研究出现要晚得多,这种研究也就是所谓"法医学"的重要组成部分。

证人和证词这种法学上的观念很快成了其他学科借鉴的模板。比如说,科学实验有时会以法庭审判式的语言来描述。我们再来看所谓"文本批判主义",即学者们试图去重构某一特定文本的原始版

---

① I. Hacking, *The Emergence of Probability*, Cambridge 1975; B. J. Shapiro, *"Beyond Reasonable Doubt": Historical Perspectives on the Anglo-American Law of Evidence*, Berkeley CA 1991.

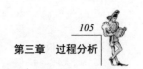

第三章 过程分析

本。《圣经》各篇的不同抄本、莎士比亚戏剧的各种刊印版本,经常会被学者当作"证人",不论它们可信度如何。[①] 在伊斯兰世界,要考究某"圣训"(hadith,对穆罕默德言行的记录)的可靠性主要取决于"伊斯纳德"(isnad),也就是传述体系,意指从穆罕默德的门人或弟子亲耳所听乃至一直口耳相传下来的体系。[②]

近代早期的天主教会封圣的程序相对要严格很多,这类似于审判,圣人要被证明其神圣性如何克服了自身的弱点,抵御"魔鬼的诱惑"。在历史学当中,17世纪的英国法学家塞尔登(John Selden)后来转而研究历史,他把考察历史资料的过程形容为"一场审判"。到了20世纪,随着侦探小说的兴起,杰出的英国历史学家诸如柯林武德和巴特菲尔德(Herbert Butterfield)都曾将他们的同行称为"侦探",寻找线索,力求找出真相。

追寻事实

"事实"(fact)这个观念是经验主义的核心,它对历史学而言也异常重要,它不同于流言、猜测或其他不甚可靠的话语形式。这个观念同样是从法学当中发源的,自古罗马时代以来,法学家就一直区分法律问题和事实问题。弗朗西斯·培根本人早先是一名法学家,后来转变成历史学家,他就曾声称:"把关于事实的知识记录下

---

① E. J. Kenney, *Classical Text: Aspects of Editing in the Age of the Printed Book*, Berkeley CA 1974.

② T. Khalidi, *Arabic Historical Thought in the Classical Period*, Cambridge 1994.

来，这就是历史学。"培根还是最早将"事实"这一术语应用于自然现象的，他把"事实"称为"大自然的行动与操作"，而这些行动是需要观察和实验来验证的。基于类似的想法，托马斯·斯普拉特（Thomas Sprat）在写作皇家学会的历史时，称学会成员主要关心的是"事实问题"。① 17世纪的英国历史学家们，为了表明自己在"不偏不倚地"记录当时的政治斗争，也喜爱使用"事实"这个词。1652年，克伦威尔（Oliver Cromwell）想请学者卡索邦（Meric Casaubon）写一部关于英国内战的历史，要求是"只书写事实，以最公正的、不偏向任何一方的态度叙述"。后来，在国王复辟之后，史家克劳奇（Nathaniel Crouch）也声称自己写的克伦威尔是"公正的叙述，只和事实有关"。

和"证据"这个词一样，"事实"最初是一个法学术语，但后来传播极广。涂尔干把社会学界定为"研究社会事实的科学"，而他的追随者马塞尔·莫斯（Marcel Mauss）则提出了"整体社会事实"（*fait social total*）的概念。② 但从另一方面看，强调事实的学者往往会被另一派重视"解释"的学者嘲讽，被称为"事实崇拜者"。

批判的历史：怀疑论者和史料

当我们谈论知识的"验证"问题时，有个很重要的个案就是历

---

① Shapiro, *Culture of Fact*, 107-109, 113.

② M. Poovey, *A History of the Modern Fact: Problems of Knowledge in the Sciences of Wealth and Society*, Chicago IL 1998.

第三章 过程分析

史学本身的历史，尤其是在 17 和 18 世纪的欧洲。当时有些被称为"皮浪主义者"（pyrrhonists，得名于古希腊怀疑论者、埃利斯的皮浪）的学者声称，历史知识根本就不能成其为知识。关键就在于，历史知识被认为禁不住严格的确定性标准的考量——比如其中最著名的就是笛卡尔（René Descartes）提出的认识论标准。这个问题因为当时天主教会和新教教会的思想斗争而变得更加尖锐，一方遵从"传统"，一方奉《圣经》为圭臬，两边在攻击对手、动摇对手的思想基础方面都颇有成果，但在捍卫自己方面则并不成功。另一方面，在 17 至 18 世纪的欧洲，新的媒体形式——报纸的出现也助长了怀疑主义的出现，甚至是风行，因为不同的报纸有时对于同一事件会有相互冲突的报道。①

怀疑论者主要抱持两种论调。第一，他们往往强调"偏见"的存在，比如对比天主教和新教两方对"宗教改革"的不同论述，抑或战争中对立双方（比如法国和西班牙）的不同叙事。第二，他们也指责先前的学者，认为其讲述的过去都是基于伪造的材料，讲述的人物和事件都是不存在的，比如常见的疑问是，"罗慕路斯（Romulus）真有其人吗？""埃涅阿斯（Aeneas）真的去过意大利吗？""特洛伊战争真的发生过吗，或者它只是荷马'浪漫想象'的产物？"

---

① R. H. Popkin, *The History of Scepticism from Savonarola to Bayle* (1960), 3rd edition, Oxford 2003, 270; P. Burke, "History, myth and fiction: Doubts and debates", *Oxford History of Historical Writing* vol. 3, ed. J. Rabasa et al., Oxford 2012, 261-281; B. Dooley, *The Social History of Skepticism*, Baltimore 1999, 9-44.

历史学的捍卫者当然对这些论调有所回应。对第一种论调，他们认为历史学家可以做到公正而不偏不倚，只讲述已发生过的事情。在兰克的著名判断"如实直书"之前，18世纪的德国历史学家就已经说过，史家"必须像事实发生时那样去呈现它"。有些回应声称自己的描述是确实的，但通常历史学家也会承认，他们对过去发生事情的叙述只提供一种可能。

举例而言，洛克曾对怀疑论者进行回应，他认为有些历史学判断明显比其他的可能性更大，而有些从理据上很难被否定。他说："当一些可靠的见证者同时给出证词，能够证明某些个特定的事实，那么人们的意见……都趋向一致。所以，历史上确实有一个意大利的城市叫罗马；在一千七百年前，那里确实有一个人叫凯撒，他是一名将军，他确实赢下了和庞培的战争。"在德意志萨克森的林特尔恩大学，有一位叫比尔林（Friedrich Wilhelm Bierling）的教授在1724年发表论文，评论历史怀疑论。他继承了洛克的思路，将历史叙述按可能性区分出三种不同的层次：最大的（如"凯撒真有其人"）、中层的（如"查理五世退位的原因"）、最小的（如"苏格兰的玛丽女王究竟是否与人串通杀害了自己的丈夫"，或"华伦斯坦被暗杀前的秘密计划"）。

关于第二种论调，历史学的捍卫者们认为，以批判的眼光去审视历史"史料"是可行的。比如说，1681年，有位耶稣会士质疑中世纪早期法国王室颁发许可令的真实性，而本笃会的学者马比荣（Jean Mabillon）随后发表了文章，讨论鉴别文件年代的方法，即如

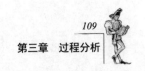

第三章 过程分析

何研究作者的笔迹、文件的格式、印章样式等等。以此，他认为可以甄别出伪造的文件，而其他许可令的可信度就能被证明。这样看来，怀疑论者的消极性攻击反而产生了积极的效果，它促使历史学家们更多反思自己的方法，对史料采取更具批判性的态度。在那之后，史家们在写作时援引更多的材料，在脚注中加入了更多的参考文献，以使读者能更方便地查证史料。这就产生了18世纪上半叶流行的口号：写作"批判的历史"。①

批判主义

长久以来，"评论家"（critic）这个术语的涵义发生了很多变化。拉丁文 *criticus* 一词原本指的是那些从事所谓"文本批判主义"的语文学家们，也就是说，那些人通过研究某一特定文本的不同抄本来确定作者书写的原始样貌，因为哪怕是再短的文字段落在转抄过程中也会出现错误。这些经典文本——例如《圣经》——的编辑者们遵守着某些原则，比如尽量找到更早、更难读懂的版本，并对这些文本进行修订。尽管有些修订在后世引发争议，但总体上他们在资料保存方面厥功至伟。

后来，这种"文本批判主义"的方法被应用到更多问题上，比如确定某一段文本的写作时间、作者（包括对伪作的鉴别）、作者所使用的资料来源，以及文本写作和传播的文化环境。比如，17世纪

---

① A. Grafton, *The Footnote*, London 1997, and C. Zerby, *The Devil's Details*, Montpellier VT 2002.

的天主教学者西门（Richard Simon）在1678年出版了极富争议的《旧约的批判史》（*Histoire Critique du Vieux Testament*）一书，讨论的是《旧约圣经》文本传播的历史，以及其中不同篇章的作者问题（西门是"旧约前五章为摩西所作"的主要反对者之一）。在18世纪，另一位法国学者阿斯特鲁克（Jean Astruc）则认为，《创世纪》用了两个不同的词来称呼天主，即"神"（Elohim）和"耶和华"（Yahweh），这是由于它来源于两个不同的更早文本，而后者皆已不存。这种对《圣经》不同篇章的研究后来被称作"高等批判主义"（以区别与那些仅对文本进行修订的"低等批判主义"）。

此"高等批判主义"不仅被用于研究《圣经》，其他经典文本亦然，最著名的就是荷马史诗《伊利亚特》和《奥德赛》。那不勒斯的历史学家维科（Giambattista Vico）在他的《新科学》（*Scienza Nuova*，1744年出版）当中就认为，这两部史诗是由生活在不同时代的不同作者写成的。德意志学者沃尔夫（Friedrich Wolf）则更进一步，他在《荷马导论》（*Prolegomena ad Homerum*，1795年出版）中认为，荷马史诗的诗句首先是在口头流传，很多年之后才被书写记录下来。到19世纪，从文本批判主义中逐渐产生了新的文学批判主义，因为文本批判的方法不仅被用于《圣经》或经典文本研究，更普遍被用于研究中世纪和近代的俗语方言文学，其中最著名的就是拉赫曼（Karl Lachmann）对中世纪德意志诗歌的整理和编辑。

文学批判主义其实包含着很多不同的知识类别，比如说对文学文本的编辑整理、对文学的阐释（在此又吸收了许多对《圣经》以及荷马、维吉尔等经典作家的阐释方法）、对文学技巧的分析（以往归于"修辞学"之中）、文学门类的历史、作家们的传记等等，当然还包括最狭义的"文学批判主义"，就是对小说、诗歌、戏剧等的评论。在20世纪40年代，美国兴起了所谓"新批评主义"（New Criticism）的文化运动，这种取向是向着语文学的回归，更加强调对文本的"细读"，某些时候以牺牲"语境"为代价；到了80年代，"语境主义"又卷土重来，这回兴起的是文学研究当中的"新历史主义"（New Historicism）运动。

至于历史学，19世纪的德意志历史学家们倡导一种"史料批判"（Quellenkritik）方法，这是对有关过去的"证词"的系统性检验，探究的是其作者是否为第一手的观察者，抑或只有二手的知识。尼布尔（Barthold Niebuhr）写作的"批判的历史"后来成了经典研究，他拒绝接受李维（Livy）对早期罗马历史的叙述，因为李维生活的时代距离他所书写的事件有几个世纪之遥，而尼布尔试图重构李维的史料来源。也正是受到尼布尔的启发，兰克在1824年出版《近代史家批判》一书，其中分析了圭恰尔迪尼在16世纪出版的名著《意大利史》，兰克提出了疑问："他（圭恰尔迪尼）所提供的信息究竟是原始的，还是借自别处的？如果是后者，那么他如何获得这些信息，又以何种方式进行编排和处理？"对后世的史家而言，提出此种疑问极为常见，不光是针对文本，还可以针对图像，当然，口述史家对口述史料亦是如此。

"批判主义"的另一些形式与文本研究传统关系不大。比如康

德（Immanuel Kant）在1781年出版《纯粹理性批判》（*Kritik der Reinen Vernunft*），他研究的是人类理性的限度问题。马克思曾经指出，哲学家只是在解释世界，但"更重要的是改变世界"，正是继承这一思路，法兰克福学派的哲学家和社会学家们对他们身处的社会开展了一种"批判"，在霍克海默（Max Horkheimer）1937年发表《传统理论与批判理论》（*Traditionelle und Kritische Theorie*）一文后，他们的取向就逐渐以"批判理论"著称。这一理论跨越学科边界，启发出很多新的学术运动，比如"批判的民族学"和"批判的法学研究"，这些都试图在研究社会或制度体系的同时，也能改变它。

叙述

无论在哪个领域里，"分析知识"这个漫长过程的最终阶段都是一种"综合"，使其在认知的层面上能对知识世界产生贡献，这种"综合"通常是以"叙述"的形式出现的。

旅行者的记述，包括那些科学考察团的报告，通常按照时间顺序编排。历史书写传统上也是以叙述方式展开的，除了前面提过的诸如布克哈特和赫伊津哈那种"描摹整个时代"的著作。事实上，学者们认为历史叙述制造知识的方式就是揭示事件之间的联系，使经验变得可被理解。[①] 在19世纪，很多学科里都出现了"叙述转向"，

[①] L. Mink, "Narrative form as a cognitive instrument", in R. H. Canary and H. Kozicki (eds.) *The Writing of History*, Madison WI 1978, 129-149.

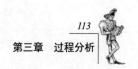

包括自然科学。其中最著名例子就是达尔文的《物种起源》(1858年出版),它被人称作一种"演化的叙述",甚至被拿来和维多利亚时代的小说相比。① 当时在特定的刊物上还会登载对科学实验的叙述,这是大众科学知识生产的重要形式。

当然,不是所有的历史学家都从事"叙述",当代最主要的集体性"例外"就是法国的年鉴学派,这个自20世纪30年代至今延续的学派掀起了一场对"事件历史"(histoire événementielle)的反动,其中最著名的就是布罗代尔在1949年出版的对菲利普二世时期地中海世界的研究。在这部鸿篇巨制的第一和第二部分,布罗代尔更喜爱一种"描述-分析"的研究模式,使其研究更类似于历史地理学和社会史,当然,在该书第三也是最后的部分他也对一些事件进行了叙述。在英国,历史学家托尼(R. H. Tawney)是年鉴学派的同路人,1932年他就任伦敦经济学院的经济史教授,在就职演讲中他提出史家应该更关心"社会",而不是"事件",应更注重分析而不是叙述。经济史家在对"叙述"的反动中扮演重要的作用,这并不奇怪,因为他们中很多人从事的分析、推论与"叙述"这种文体形式大相径庭。

尽管如此,哲学家利科(Paul Ricoeur)则认为,即使是布罗代尔其实也给读者们提供了一种叙述,因为他巨著的三个部分合在一

---

① G. Beer, *Darwin's Plots: Evolutionary Narrative in Darwin, George Eliot and Nineteenth-Century Fiction*, London 1983.

起关心的是"长时段"。利科写道:"以长时段的尺度去理解诸种因素的调和,实际上正是要认识到整体的情节化特质。"[1] 当然,那些主要研究"趋势"的经济史家们也比托尼所认为的要多采用叙述,更不用提那些研究主要事件(比如1929年的大萧条)的经济史家。

到20世纪70年代末,在学院派史家中产生了一场"叙事的复兴",这主要是对经济决定论的失望所致。[2] 然而,历史常常表明,所谓的"复兴"其实并不是简单地回到过去。很多学者对所谓"宏大叙事"(比如"西方的兴起")的过度简化有所怀疑,又对普通人的日常经历有更浓兴趣,因此他们开始写作"微观叙事"。比如意大利历史学家金兹伯格在1976年出版《奶酪与蛆虫》,故事的主角是一位16世纪的磨坊主。大概差不多时间,其他学科中的学者们也开始对"叙事"产生兴趣。例如,社会学家和人类学家对故事倍感兴趣,对他们所研究的人群自身之才智和经历变得越发尊重,那些人不再被仅仅视作研究"对象",而是对自己所处的文化了解更深的主体——相比在外部观察的那些"社会科学家"而言。在格尔茨对巴厘岛斗鸡的著名研究中,他把这一活动看作一种文本,甚至将其与莎士比亚戏剧及陀思妥耶夫斯基的小说相比较,他的结论是"斗鸡是巴厘人对他们自身经历的一种解读,是他们对着自己讲述自己的一个

---

[1] P. Ricoeur, *Temps et Récit*, vol. 1, Paris 1983, 208.

[2] L. Stone, "The revival of narrative", *Past and Present* 85. (1979), 3-24.

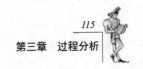

故事"。①

其实，叙事的回归不仅局限于学院当中，也影响到了学院外的日常生活。举法律为例，在美国，20世纪80年代兴起了一场"法律叙事学运动"，同样将目光转到普通人，关注他们理解自己生活的方式。类似的是，在医学圈子里，"故事"也变得越来越重要，人们更关注病人自己如何看待和理解自己的身体和疾病，这是因为在某些方面，病人自己比旁人更清楚，甚至这"旁人"包括训练有素的医生。

不论历史还是当下，所谓的"复兴"当中，新的"叙事"相比旧的在很多关键方面都有所不同。对以往的历史叙事来说，历史学家们站在遥远的距离外俯视那些事件，仿佛奥林匹斯山的众神那般，与典型19世纪小说中的那些"全能叙事者"很接近。与之不同的是，新的"叙事"往往会展现多样化的声音和观点，其模式有些类似于1950年的电影《罗生门》。这部著名的电影是日本导演黑泽明执导的，基于20世纪初期的作家芥川龙之介的两个短篇小说，描述的是对同一个谋杀事件的不同版本叙事。不论芥川或者黑泽明原来的意图为何，"罗生门效应"这个词现在被人类学家和社会学家广为使用，指通过对故事的考察来重建讲述者的态度和意义，也就是说，将不同叙述的冲突转变为对这些冲突的叙述。②

---

① C. Geertz, *The Interpretation of Cultures*, 412-453.

② K. G. Heider, "The Rashomon effect", *American Anthropologist* 90 (1988), 73-81.

（3）传播知识

在近代，报纸的兴起不仅是促进了怀疑主义的滋长，同时也构成了知识传播的一个重要转折点，而后者正是我们所说四阶段的第三个阶段。"传播"（dissemination）有时候会被描述成一种"转化"，尤其是从技术角度而言，它强调向着某个方向的运动。还有的学者喜欢说知识的"流通"，这是一种更具现实性的说法。在最近这些年里，人们对知识的转化或是流动突然兴趣激增，出现了许多重量级的研究。① 不论我们将其称之为"转化"还是"流通"，我们必须牢记，接受的知识和传出去的知识并不相同，无论这是出于误解（其实"误解"是思想史研究中相对被忽视的部分），还是有意的改造或者文化转译。

我们生活中经常见到的是一种知识传播的"胜利主义"论调，意思是随着通信和传播方式的不断进步——书写、印刷、广播、电视、互联网等——海量的知识得以传至大众人群之中。这种"胜利主义"叙事会带来的问题，我们将在本书第四章中阐述。在此，我们只需谈两点，第一是有关一般意义上的"传播"，第二是有关传播的形式。

首先，长久以来，人们对知识的传播或"民主化"有很多批评。比如，在近代早期的欧洲，基督教的教士们对于让普通信徒们自己

---

① J. A. Secord, "Knowledge in transit", *Isis* 95 (2004) 654-672. M. Elshakry, "Knowledge in motion", *Isis* 99 (2008): 701-730.

第三章 过程分析

阅读《圣经》这种想法总是感到抵触;某些专门知识的拥有者,不论是金匠还是医师,往往都反对将自己的秘技加以出版;当然,统治者和他的谋士们也把知识的传播看成对等级制社会秩序的一种威胁。

其次,即使是学者们,也曾对我们今日所说的"知识过载"表达过许多担忧。在14世纪,历史学家伊本·赫勒敦已经抱怨过,"可读的书太多"是"人类追寻知识过程中有害的事情之一"。一个世纪后,在古腾堡印出了他的第一本书之后,在欧洲类似的忧虑也非常多见。①

无论如何,任凭交流通讯的各种新方式多么重要,最有效的传播方法就是最古老的那种,即人和人之间。正如学者所说,"从国家到国家或从机构到机构,无论多么宝贵的知识,其传播也离不开书信、报刊和书籍的运输,这使得人本身的物理移动变得必要",简而言之,"观念在人和人之间移动"。②

口头传播

人的物理移动,当然就包括老师和学生。教育史在很长时间里都是知识史的必要组成部分,有关个别学校或者大学的研究已有许

---

① A. Blair, *Too Much to Know: Managing Scholarly Information Before the Modern Age*, New Haven CN 2010.

② C. M. Cipolla, "The diffusion of innovations in early modern Europe", *Comparative Studies in Society and History* 14 (1972), 46-52; J. M. Ziman, "Ideas move around inside people" (1974), rpr. his *Puzzles, Problems and Enigmas*, Cambridge 1981, 259-272.

多,这方面重要的综述性论著也已出版。① 作为个案,我们先来看伊斯兰传统世界的教育,美国历史学家伯基(Jonathan Berkey)和张伯伦(Michael Chamberlain)曾经研究过中世纪的开罗和大马士革,在这些城市中,高等的教育体系主要是非正式的。那些附属于清真寺的学校被称作 *madrasas*,其中有教师讲授课程,还给学生提供住宿和生活补贴;然而,要获得知识最重要的路径还是成为一名"长老"(*shaykn*)的弟子。根据12世纪的论著,"弟子们需要保持相当距离围坐在长老身边,呈半圆形",这十分重要,为的是体现尊重。

在这种非正式的教学体系中,课程并不是固定的。长老在对弟子进行口头的测试后,为通过者颁发一个教书的许可,称作 *ijaza*,相当于西方的学位。"学生们的事业成功与否,首先就取决于老师的声望。"某种程度上说,这个体系其实是开放的,它也赋予了妇女机会,能够在私人住处向其他妇女学习。阅读(尤其是读《古兰经》)、抄写和著述都是重要的活动,但学生们首先要做的,是结成团体大声地朗诵。私下的学习并不被赞许,而书籍则被认为是一种低等的知识传播方式。14世纪的法学家伊本·贾玛(Ibn Jama'a)就曾声称,"最大的祸害之一就是把书上的文本当作长老本人",而"知识永远不是从书中获得的"。②

---

① L. Stone (ed.) *Schooling and Society*, Baltimore 1976; W. Rüegg, *History of the University in Europe*, 4 vols., Cambridge 1992-2011.

② J. Berkey, *The Transmission of Knowledge in Medieval Cairo*, Princeton NJ 1992; M. Chamberlain, *Knowledge and Social Practice in Medieval Damascus*, Cambridge 1994.

第三章 过程分析

老师和门生之间这种密切关系直至今日在西方文化中也能见到。① 然而，它们从过去到现在都是更大的知识传播体系的一部分：那就是中世纪以来的大学体制。中世纪的大学教学非常倚重口头言语，不仅有老师讲课，还有学生们用来锻炼和发展其逻辑技能的正式"辩论"。但和伊斯兰的学问体系不同的是，书写在西方也很重要。讲授者会对学生大声朗读文本，而学生则写下他们听到的内容。随着时代发展，阅读和写作逐渐变得比聆听和言说更为重要。但不论如何，口头交流直到今天在西方学术文化中依然重要，瓦克（Françoise Waquet）在他追溯演说、讨论班和学术会议历史的著作中就展现了这一点。②

表演知识

口头讲授或许也可以被理解成一种"表演"。在 12 世纪的巴黎大学就已经有了授课极具表演性的学者，最有名的当然就是阿贝拉尔（Peter Abelard），他的讲堂吸引了很多学生，也把很多学生从他的对手那里带走——后者对他而言同样重要。在 16 世纪，瑞士医生帕拉塞尔苏斯（Paracelsus）为了吸引注意力，在巴塞尔大学公开烧毁了他认为应抛弃的那些传统医学论著。这里还不得不提 18 世纪的一名德国教授门克（Burckhardt Mencke），1715 年他出版了一本书《饱

---

① F. Waquet, *Les enfants de Socrate: filiation intellectuelle et transmission du savoir, XVII-XXIe siècle*, Paris 2008.

② F. Waquet, *Parler comme un livre: l'oralité et le savoir (XVIe-XXe siècle)*, Paris 2003.

学之士的江湖伎俩》(*Charlataneria Eruditorum*),批评了那些立于讲坛之上的教授们。该书的拉丁文本出版后,迅速被译成了其他几种文字,还引来了不少模仿之作。门克将这些学者与街头摆摊贩卖药物的江湖骗子相比,他指出学者们常会使用的一些把戏——就是为了多赢得些掌声,比如他们身穿昂贵的奇装异服,授课时"带以非常夸张的表达方式,表情变幻无常,目光游移不定,时常手舞足蹈,甚至连臀部或是身体其他部位都有许多富于暗示的动作"。

如果门克活得更长些,他列举的这些内容或许可以成倍地增加。自18世纪晚期开始,科学实验常常会选择在公众场合表演,仿佛是演戏,而学者就是演员。不论是化学还是电学,都借助这种表演增加了不少人气,讲者高谈阔论的同时,还伴随着闪光和爆炸声。在牛津,巴克兰(William Buckland)是一位地质学家和古生物学家,他时有古怪之举,为了在演讲中增强效果,他甚至会模仿恐龙的走路方式。在伦敦,19世纪的科学家佩柏(John Henry Pepper)也擅长讲演,他还以设计各种今日所说的"特效"著称,比如在舞台上制造出鬼魂的影像。今日那些频频出现在电视里的明星学者,其实只是继承了这个悠长的传统而已。[①]

测验知识

如何测验学生学到的知识,这也是个古老的问题。显然,最

---

① P. Burke, "From the disputation to power point: Staging academic knowledge in Europe, 1100-2000", in H. Blume et al. (eds.) *Inszenierung and Gedächtnis*, Bielefeld 2014, 119-131.

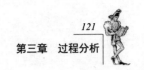

第三章 过程分析

常见的方法是要求他们公开地"表现"自己掌握的知识,这可以有很多种形式,比如说参加辩论、发表演讲,或是回答一系列相关的问题。另一种可行的办法今天的我们早就习以为常,那就是通过书面的考试。这方法是由中国人发明的,中国学学者贾志扬(John Chaffee)和艾尔曼(Benjamin Elman)都曾做过研究。①

从宋代早期到晚清,长达一千年的时间里,管理中国的都是一个被称作"官绅"的集团,他们都是学者型官员,在科举考试中胜出,从而得到官职,获得相应的社会地位。科举考试对于传统中国的知识秩序是至关重要的,对社会秩序而言亦然。有关科考的种种文学作品表明,宽泛意义上,它在中国文化中扮演着核心地位。通常情况下,每三年会有省一级层面的考试,胜出者则再参加国家层面的"会试",后者分三场,各持续三天。在考场中,考生每人坐在单独的号房内,撰写文章。文章内容大多是对儒家经典(比如《大学》和《中庸》,这些被认为是智慧和德性的来源)的评述,有时考题也会涉及政策、法律,甚至是天文天象。在漫长的时间里,对于何种知识适合科考这个问题,一直有不少争论,当然,官方有时也会做出调整。在科考中,考官在评卷时并不知道答题人的身份。

要在这样的科考中胜出,人们往往需要经年累月的学习。但是,从目前存留的一些夹带书册和模范答卷能看出,部分考生试图

---

① J. W. Chaffee, *The Thorny Gates of Learning in Sung China: A Social History of Examinations*, Cambridge 1985; B. A. Elman, *A Cultural History of Civil Examinations in Late Imperial China*, Berkeley CA 2000.

走旁门捷径。有的夹带书册非常之小,可以藏在人的衣袍中,偷偷带入考场。尽管有人作弊成功,但这套制度可能是前工业时代整个世界上最为有效的测验知识的体制。毫不奇怪的是,西方也开始对其进行模仿。最早的模仿者是18世纪的普鲁士,而后是法国、英国和其他地方。举例而言,在牛津和剑桥两所大学,书面考试这一形式是在19世纪早期才引入的,取代了原有的"发以人声"的口头考试制度。到19世纪中期,以中国为样板的书面考试体制也被引入英国文官选拔考试中。这可能就是英国至今有些政界高级官员仍被称作"mandarins"的原因。①

派遣使团(传教士)②

很多时候,传教士也是知识的传播者,不论他们来自佛教、基督教还是伊斯兰教。比如说,佛教传播的故事就是一个远行的故事,从印度到斯里兰卡、缅甸、泰国、老挝、柬埔寨和中国,又从中国传到朝鲜和日本。僧侣在知识传播中扮演了主要角色。以鉴真为例,他是唐代中国的一名佛僧,东渡日本并待了十年,在日本建起学校和寺庙,并向日本的贵族介绍了佛教大义。鉴真去世后,他的一名弟子写下《唐大和上东征传》,记载他的事迹。到了近代,日

---

① R. M. MacLeod (ed.) *Days of Judgement: Science, Examinations and the Organization of Knowledge in Late Victorian England*, Driffield 1982; C. Stray, "From oral to written examinations: Cambridge, Oxford and Dublin, 1700-1914", *History of Universities* 20 (2005), 76-129.

② 此处原文为"mission",既可指一般意义上的使团,也可指传教布道事业。——译者注

本文学家井上靖在小说《天平之甍》(1957)中又从日本人的角度重新讲述了鉴真的故事。小说从公元732年日本第九次派出遣唐使写起，这次的使团中也有一些佛僧，到中国学习佛法。小说讲的正是使团中四名年轻的僧人劝说鉴真与他们一道去日本，传授佛学。

鉴真还向日本人介绍了中国文化当中一些世俗的元素。传教士其实也会传播很多世俗知识，其中最典型的例子就在19世纪，当时去往亚洲、非洲以及其他地方的基督教传教士，在传教同时，也向当地民众传播了很多西方文化，尤其是西方科学知识，并将此当作他们的任务之一。举例而言，新教传教士傅兰雅（John Fryer）在1876年创立了科学杂志《格致汇编》，还在上海创办了格致书院。同时代的另一名传教士韦廉臣（Alexander Williamson）则创办了同文书会，[①]这一学会在出版宗教书籍之外，也刊印了大量科学书籍。新教传教士们在许多地方都建起学院，传播西方学术，比如1866年创办的叙利亚新教学院，1881年创办的印度德里圣史蒂芬学院，还有1888年创办的广州岭南学堂等。[②]

反过来，传教士们也会学习他们工作当地的语言和文化，当他们返回母国，则会传播来自那些地方的知识。从这个角度而言，传教士们往往被拿来和现代人类学家相比较。他们当中有少数人确实

[①] 同文书会创办于1887年，英文名为the Society for the Diffusion of Christian and General Knowledge among the Chinese，后于1892年改名为广学会。——译者注

[②] 该学校1888年在广州创办时名为格致书院（Christian College in China，不同于前文中的上海格致书院），后于1903年改名为岭南学堂（Canton Christian College）。——译者注

在职业生涯后期转成了人类学家。其中最著名的例子就是里纳尔特（Maurice Leenhardt），他是一名法国新教传教士，于1902年至1927年在新喀里多尼亚（该地在1853年成为法国殖民地）传教，回到法国后，他成为一名美拉尼西亚研究的专家，并在巴黎高等研究实践学院及其他学校任教。①

谈起远行他乡、传播知识，传教士其实并非唯一，历史上也有许多世俗的"求知"使团。一方面，某些西方国家曾派出类似团体，其中最著名的就是法国，比如它在20世纪30年代就曾派出一群年轻学者前往巴西圣保罗大学，其中包括布罗代尔和列维·斯特劳斯。另一方面，某些自认本国"落后"的政府会派出意在学习知识的代表团去那些"先进"的国家，比如埃及政府在1826年派出一群学生到法国学习，其中就包括年轻的塔哈塔维（Rifa'a al-Tahtawi），日后他成为卓越的伊斯兰启蒙思想家。②当然，谈及此我们仍不能不提日本，1862年，日本政府派出使团到欧洲，学习西方文明（我很怀疑小说家井上靖在描写732年的遣唐使时，心里想到的其实是这一事件）。

与印度接触

除了委派使团，还有许多非正式的接触途径同样也能传播知

---

① J. Clifford, *Person and Myth: Maurice Leenhardt in the Melanesian World*, Berkeley CA 1982.

② Euben, *Journeys*, 90-133.

识。我们能想到最具代表性的例子就是荷兰东印度公司（VOC），在其中任职的一些荷兰人、瑞典人和德意志人都利用服务于公司的机会学习了日本和东南亚的自然和文化知识，并撰写书籍，将其介绍到欧洲。类似的状况还发生在 18 世纪晚期到 19 世纪初的印度，当时英国东印度公司在这个国家的大部分土地上开展了有效的统治。许多在公司中任职的职员、法官、医师和外科医生致力于学习当地的历史、语言和地方知识，求教于当地的学者；而反过来，他们也在传播西方的知识。两边都按照自己的意图吸收自己想学的东西。与之相应的是，后世的西方和印度学者们共同写就了这段接触和交流的历史。[1]

此种知识交流中最著名的例子当然还数来自威尔士的律师威廉·琼斯（William Jones），他于 1783 年到达加尔各答，在那里创办了孟加拉亚洲学会，定期与当地的学者们交谈心得；他发现了古希腊文和拉丁文的梵文源头，还将梵文戏剧《沙恭达罗》译为英文出版。类似的例子还有，英国和印度的学者们通过"对话"，共同对南印度的德拉威语（Dravidian）语系进行了研究。[2] 在医学领域，东印度公司的一些医师和外科医生（他们中大多数来自苏格兰）经常与印度当地秉持传统阿育吠陀医学的医生交流知识。另一方面，在 19

---

[1] P. Chakrabarti, *Western Science in Modern India*, Delhi 2004; G. Prakash, *Another Reason: Science and the Imagination of Modern India*, Princeton NJ 1999. Dodson, *Orientalism*.

[2] M. J. Franklin, *Orientalist Jones*, Oxford 2011, 36-42. T. R. Trautmann, "Hullabaloo about Telugu", *South Asia Research* 19, 53-70.

世纪的孟加拉,印度地方精英们建立了许多学会,以极大的热情来学习西方科学知识,其中主要包括 1838 年创立的"通用知识探求学会"(the Society for the Acquisition of General Knowledge),以及 1876 年成立的"印度科学促进学会"(Indian Society for the Cultivation of Science)。①

如何评价这种知识交流,在学界这是个争讼纷纭的话题。有些人强调的是英印两种知识体系之间的冲突,他们受到了福柯和萨义德的启发(本书第二章曾讨论过)。最能佐证他们论点的,是历史学家麦考莱(Thomas Macaulay)对印度传统知识的极力贬斥,尽管今日这种贬斥已是声名狼藉。麦考莱于 1834 年至 1838 年在印度最高理事会任职,而后在《关于印度教育的备忘录》中他声称"一家像样的欧洲图书馆里,仅仅一个书架上的书籍,就比印度和阿拉伯所有的本土文献都更有价值"。这派学者看重的是,政治如何利用知识,从而服务于英国帝国主义,或是稍晚兴起的印度民族主义。比如冈古里(Jadu Nath Ganguli)在 1911 年出版的《印度本国医学体系》一书中就声称,印度急需一个"按照本国标准建立的医学体系"。

与之相反的是,另一些学者则强调不同知识秩序间的和谐共处,以及外来知识如何带来新的启发。欧洲人发现印度知识传统的同时,印度人也在学习西方科学。陶德曼(Thomas Trautmann)曾经说过,研究"殖民知识的形成","需要考察殖民关系中各方的不

---

① H. Fischer-Tiné, *Pidgin-Knowledge*, Zurich 2013; Prakash, *Another Reason*, 54-5.

第三章 过程分析

同类型知识,它们都在同一殖民情境中发挥作用"。① 所以,问题就是如何评估此过程中西方和印度各自贡献的重要性,这里有两个极端,过于强调知识的政治性会显得太偏向怀疑论和化约主义,完全撇清政治影响又显得太过天真,学者需要的是尽力平衡两者。

移居

不论是在知识史中,还是就一般的历史而言,无意间行动产生的结果往往比有意为之的更重要。所以,海外侨民的经验往往比有意派出的使团经历更具影响,最典型的例子就是琼斯。当然,历史上还有许多并不想离开故土,但不得不背井离乡远行的学人,比如在1685年被法国驱逐,而后迁居伦敦、柏林和荷兰的新教徒;还有1933年被迫离开德国、1938年离开奥地利,而后迁居英国、美国和其他地方的犹太学者们。② 这些迁居的人们被迫忍受生活的断裂,其中艰苦自不待言,然而,他们当中有些人却因此开始了新的生活方式,充当自己故土文化和迁居地文化之间的中介者。到英国的法国新教徒们撰写关于英国历史的论著,或是将英语书籍译成法语,其中就包括洛克的哲学著作;而从德国移居美国的犹太学者们把马克斯·韦伯的社会学论著译成了英语。还有,一些学者在1917年离开

---

① Trautmann, "Hullabaloo", 67.

② L. A. Coser, *Refugee Scholars in America: Their Impact and their Experiences,* New Haven CN 1984; D. Fleming and B. Bailyn (eds.) *The Intellectual Migration: Europe and America, 1930-1960,* Cambridge MA 1969.

了俄国，在他们余生中一直致力于将俄国文化介绍给法国、英国和美国的人们。

对于接纳他们的国家而言，这些移居人群带来的积极影响是显而易见的，尤其当某一学科或某一地点聚集了足够多的避难者时，会造成重要的集团性效应。精神分析学在美国的兴起，艺术史研究在英国的兴盛，都是典型例证。① 另外，身怀技能的人士移居也会产生同样效果，比如17世纪离开法国的新教徒中除了学者，还有许多丝织工匠，英国因此受惠，而法国则大有损失。

通过物品的传播

物品也能传播知识，比如岩石、植物、动物标本、绘画、雕像等，它们从世界的某地被运送到另一地方，归入收藏，可供人研究，也会被公开展示。在近代早期的欧洲，这些收藏是私人性的，归于统治阶层，比如佛罗伦萨的美第奇家族或者丹麦医生沃姆（Ole Worm）这样的学者之手。当时流行的收藏品无所不包，既可能是大自然的杰作，也可能由能工巧匠精心制成，比如欧洲的钱币和勋章，墨西哥的羽毛制品，巴西土著用的吹矢枪、贝壳和鳄鱼。自法国大革命之后，公共收藏开始成为主流的方式，物品被置于博物馆和画廊中，供人参观。观众常常还是学校里的孩童，观看这些物品是很多人成长教育的一部分。确实，有些博物馆的建立就是出于教

---

① Burke, *Social History of Knowledge*, 208-211.

第三章 过程分析

育目的,比如伦敦的南肯辛顿博物馆(South Kensington Museum),它建于1857年,为的是展示可供工匠们仿照的工艺工业品,1885年科学博物馆(the Science Museum)从该馆中分立出来。

文本的运送同样也在传播知识。在唐代,日本僧人从中国回国之时,带着数千卷的佛教典籍,很多都是他们自己抄写的。造纸的技术首先出现在中国,而后是伊斯兰世界,最后在欧洲,纸比羊皮便宜很多,在写本时代,它对知识的传播贡献甚大。活字印刷术的发明使书籍变得更廉价、更容易获得。在16世纪,书籍的传播就已经跨越了极长的距离,比如从西班牙到墨西哥或者秘鲁;书信的寄送同样如此,尽管它们到达目的地可能要很长时间。由此,远距离的知识网络已经开始建立,比如在罗马、果阿和北京的耶稣会士们之间。从更大的意义上来说,它拓宽了所谓"文人共和国"(Republic of Letters)的边界。①

建立"文人共和国"

所谓的"文人共和国",它可以被视作想象的共同体,一座没有围墙的学院,或者是诸种网络构成的网络。有关这个共同体的论述最早出现在15世纪,当时已经出现了 *respublica litterarum* 这个拉丁文词。而其结束则是在1800年前后,民族主义的兴起、知识专门化

---

① S. J. Harris, "Confession-building, long-distance networks and the organisation of Jesuit science", *European Science* 1 (1996), 287-318; M. Ultee, "The Republic of Letters: Learned correspondence, 1680-1720", *The Seventeenth Century* 2 (1987), 95-112.

的进程，都威胁到了这个"共和国"的统一性。

但是，我认为可以把"文人共和国"的历史一直延伸到当下，按照交流传播模式的转变将其分为四个阶段。① 第一个阶段就是从1500年到1800年，这是一个由马拉动的"共和国"，不论是书籍、信函还是学者本人，都需要搭乘马拉动的交通工具在陆地上远行，或者是乘船远渡重洋。第二个阶段从1800年到1950年，我们或许可以称之为"蒸汽共和国"，蒸汽印刷机的出现使书籍的价格变得低廉，而召开国际性的学术会议则因火车和蒸汽轮船变得普遍，学者们能够更方便地交流讯息。

第三个阶段大概是从1950年到1990年，航空旅行快速发展，舒适度也大为提高，各种小型的、专门性的国际讨论会得以蓬勃开展。而今日我们生活在第四个阶段，也就是"数字共和国"。"文人共和国"永远是虚拟的或者说想象的共同体，但是，传播的不断加速——通过电子邮件、在线会议、各种群体性的网上连线研究——使共和国的成员们相比以前更习惯于远距离的互动，从而给"看不见的学院"这个古老的观念注入了新的涵义。

也正是由于交流方式的变化，原先仅仅限于西欧地区的"文人共和国"，逐渐开始扩展到了巴尔干地区、俄国和南北美洲的一些城市，而后到了世界的其他地方，知识的流动也开始具有了全球性。早在18世纪，受益于快速的航船交通，瑞典植物学家林奈的学生

---

① P. Burke, "The Republic of Letters as a communication system", *Media History* (2012), 1-13.

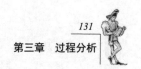

第三章 过程分析

们——也被称为他的"门徒们",从世界各地向他报告有关信息,包括中东、非洲、中国、南北美洲甚至澳大利亚(比如跟随班克斯和库克航行的索兰德)。

巴萨拉(George Basalla)曾经指出,知识的流转类似于国际贸易,边缘地区出口原材料——就像西方的科学考察队到世界其他地方搜集各类信息,而中心地区(在这里"中心"指的是西方)则出口制成品。巴萨拉还论述了科学知识传播的三阶段模式,只有在第三阶段晚期,科学知识的生产才会出现在中心地区以外。[①] 较近的其他研究也还在强调西方科学与西方帝国主义之间的联系,有学者认为"诸如博物馆、大学、植物园等科学中心的出现,依靠的是资料和物质文化的传送,以及在帝国体系间来往的人们"。[②]

巴萨拉的论著写于20世纪60年代,自那以来,他所说的模式时常遭到批判,主要原因有三。第一,知识和信息既从边缘传到中心,反之亦然。举例来说,16世纪的葡萄牙医生加西亚·德奥尔塔(García de Orta)在1563年出版了有关印度草药的著名著作,他就利用了很多印度本地医师的知识。[③] 第二,异域知识的本地化过程

[①] G. Basalla, "The spread of Western science" (1967), in W. K. Storey (ed.) *Scientific Aspects of European Expansion*, Aldershot 1996, 1-22.

[②] S. Sivasundaram, "Sciences and the global", *Isis* 101 (2010), 146-158, 154. M. Harrison, "Networks of knowledge", in D. Peers and N. Gooptu (eds.) *India and the British Empire*, Oxford 2012, 191-211.

[③] K. Raj, *Relocating Modern Science. Circulation and the Construction of Knowledge in South Asia and Europe, 1650-1900*, Basingstoke 2007.

在交流的每一方都在发生，知识从一种语言被译成另一种语言，这是一种"文化翻译"，也就是说它被新的环境改造，最终形成混杂的"洋泾浜知识"。所以，今日的学者们感到有必要超越简单的"传播主义"。①

第三，如果我们把知识看作复数的，那么不同的知识就有它们自己的中心。巴萨拉所说的西方科学的传播模式自然是以西方为中心，但基于相同的原因，我们以此模式去研究印度或者中国知识的传播，也会更看重印度或中国的中心地位。无论如何，要改进这种模式，我们就要再次引入本书第二章中提过的"半边缘"概念。"半边缘"包括那些殖民城市，比如16世纪的果阿，德奥尔塔居住在那里，与当地印度医生交流并写作书籍，再比如18世纪的孟买或加尔各答，东印度公司里的英国医生们与印度医生相互学习，交流共进。②当然，我们不能忘了日本港口长崎，从17世纪到19世纪，西方商人只能在长崎港内的小岛"出岛"活动，这个岛也成为欧洲和日本相互"发现"的一个中心。正如19世纪的日本新闻记者藤田茂吉所说，"长崎并不仅是一个与荷兰人买卖货品的地方，它也是一个知识交易的港口"。③

---

① Fischer-Tiné, *Pidgin-Knowledge*, 57-61.

② 同上注，18-33。

③ D. Keene, *The Japanese Discovery of Europe, 1720-1830* (1952), revised edition Stanford CA 1969；藤田的这句话可见 C. Hill, *National History and the World of Nations*, Durham NC 2008, 66.

第三章 过程分析

翻译知识

不用说，在这些知识的交换当中，不同语言间的翻译是必需的。在这些过程中所谓"文化翻译"时常出现，意思是交流各方根据他们的需求和所处环境来选择吸收的东西。虽然不是一直如此，但很多时候信息会在被翻译并转变成知识的过程中发生损失，比如地方性的分类体系。当我们研究跨语言知识传播中翻译的重要性时，我们需要考虑这种"缺失"。前面提到过，佛教从印度传播到中国和日本，包含了三种完全不同语言之间的翻译：梵文、中文和日文。类似的是，大量的古希腊知识——尤其是关于自然世界的知识，是通过阿拉伯人传至近代西欧的。比如，亚里士多德的论著，就是从古希腊文译成阿拉伯文，再从阿拉伯文译成拉丁文，而后再由拉丁文译为法文和其他国家语言。所以，一段被归之为亚里士多德的文本，可能是原始文本经过多次翻译的结果，离亚里士多德本人的口述已经历了多重转换。

不论如何，亚里士多德所生活的那个小城邦的世界，与由教会和国王主宰的中世纪欧洲大为不同，所以他的一些观点——比如在《政治学》中——很容易被误解。当然，人们可以认为，这些观点需要被曲解，以使它能与14世纪或15世纪读者所处的现实发生关联。换句话说，这些观点在跨语言的翻译过程中，也经历了"文化翻译"这一步。① 在某些"非言语"的例子中，知识的"文化翻译"过程显

---

① P. Burke, "Translating knowledge, translating cultures", in M. North (ed.) *Kultureller Austausch: Bilanz und Perspektiven der Frühneuzeitforschung*, Cologne 2009, 69-77.

现得更为清楚，比如18世纪晚期，因纽特人与欧洲人相遇时，有关前者所制地图的认知被称作"寻找跨文化的相等性"。①对此的研究表明，历史学家先前还将因纽特人地图斥为"不精确"，但如今已经转而将其看作对空间不同理解方式的表现。

大众化

知识的传播不仅只是横向地跨越不同的地理空间，它同时还会纵向地，从科学家、学者及其他专家身上传至"外行的"大众当中。这种知识的大众化运动现象已经有了很长的历史。在英国，著名的"基督教知识普及协会"早在1698年就已成立。

近期有许多研究关注的都是知识如何在普通民众里传播，尤其是妇女和儿童。这些研究关注德国、法国，但最多的是维多利亚时代的英国，1848年在英国就出现了"科学普及者"这个词。②当时知识传播的一种方式是公众演讲，有时这会吸引大量的听众，比如亚历山大·洪堡在柏林所作关于"宇宙"的系列演讲（1827年至1828年），又如马克斯·缪勒（Max Müller）1861年在伦敦皇家学会所作关于语言的演讲。另一种方式则是博物馆。知识传播的第三种方式当然就是印刷出版。自16世纪起，诸如"普通人的医书"或者"健康宝典"这样名称的医疗书籍在各国都大量出版，这使得读者们不

---

① M. Bravo, *Accuracy of Ethnoscience*, Manchester 1996, 2.
② A. W. Daum, *Wissenschaftspopularisierung in 19 Jahrhundert*, Munich 1998; B. Lightman, *Victorian Popularizers of Science: Designing Nature for New Audiences*, Chicago IL 2007.

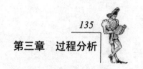

第三章 过程分析

用花费钱财请医生前来诊治,而可自行按法治病。此类书有的出过众多版本,颇受欢迎。

传播其他种类知识的书籍,也可能在市场上异常畅销。约翰·霍克思沃斯(John Hawkesworth)写过一本书,记述库克船长受海军委派第一次远航的故事,该书在1773年出版,作者本人在写书时从出版商那里拿到六千英镑的预付酬劳,这在当时可谓一笔巨款,说明出版商预计此书销售极佳。匿名作者在1844年出版的《造物自然史的遗迹》(Vestiges of the Natural History of Creation,实际作者是罗伯特·钱伯斯［Robert Chambers］)一书也颇为畅销,吸引了从社会上层到底层的各色读者。① 类似的情况还可见麦考莱1848年出版的名著《英国史》,该书第一卷刚上市还不到两周就卖出了三千册,当时曼彻斯特附近的一群工人曾写信给作者,感谢他撰写此书,他们每周三的晚上都会聚在一道,轮流大声朗读《英国史》。杂志也在推动知识的传播,如1845年创刊的《科学美国人》(Scientific American),1876年英国传教士在中国创办的《格致汇编》,还有1888年创办的《国家地理杂志》(National Geographic Magazine)。

在不同的时代(包括古代),不同的文化(主要是欧洲、伊斯兰世界和东亚)当中,知识还以一种我们称之为"百科全书"的方式传播。此类书籍的篇幅大小不一,但都宣称包含着许多知识,即使不是全部,也是择其要者。"百科全书"某种程度上说是许多种书籍

---

① J. A. Secord, *Victorian Sensation: The Extraordinary Publication, Reception, and Secret Authorship of Vestiges of the Natural History of Creation*, Chicago IL 2000.

中最为人熟知的一种,其他还包括很多专门性的书籍,比如辞典,比如指南性(像是厨艺或者骑术)的书籍。这些专门书籍从出版意图而言并不是让读者从头到尾一口气读完,而是在需要时能提供参考。自16世纪以降,无论在西方还是东亚,无论是广义上的参考书籍还是专门的百科全书,其出版都进入繁盛期。到了18世纪中期,市面上此类书籍太多,以至于有位颇具魄力的法国出版商编写了一本《辞典的辞典》。①

知识的大众化会产生何种后果?近期有项研究出自玛丽·贝里(Mary Elizabeth Berry)之手,《印制日本》(*Japan in Print*)一书聚焦的是德川时代早期,也就是西方人观念里的17世纪,当时城市文化开始兴盛——在京都、大阪和江户(今日的东京)等地,随之而来的是书籍的大量出版,公众读者群不断扩大,包括妇女、农夫、手工艺人、店家小贩等。很多书籍旨在为这些民众提供实用信息。比如说,京都或江户的指南书,告诉游客何处值得游玩——从寺庙到茶馆,以及何处可以买到各色商品。而类似"知识手册"的书则会指导人们如何耕种农作物、如何写信或作诗、如何表演茶道、如何养育婴孩等等。当时还出现了像《万民重宝记》(1692)这样价格低廉的"百科全书"。总之,贝里认为,大量的出版构成了"公共信息的图书馆",促进了一场"知识革命"的诞生,而公共领域也由此诞生,公共话题的讨论有了它自己的舞台,而大量日

---

① P. Burke and J. McDermott (eds.) *The Book Worlds of East Asia and Europe, 1450-1850: Connections and Comparisons*, Hong Kong, forthcoming.

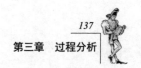

第三章 过程分析

本全境地图的出版则促使这一"想象的共同体"边界从某地区扩大到整个日本。①

审查

讨论知识的传播,还需要考虑的是另一对立并互补的主题,也就是阻碍传播的因素。这其中有经济上的阻碍,比如印书的花费,包括将书籍长距离运送的耗费,更不用提那些所谓的"知识税",比如英国政府对印刷品征收的著名的印花税(这项税自1712年开始征收,到1855年才最终被废除)。当然,对知识传播进行特意的审查,也并非晚近才有之事。有些宗教或世俗的当权者并不乐于见到印刷书籍的大量传播。在前面提到的日本德川时代,政府会对书籍进行审查。在中国,这一审查的传统可以一直追溯到公元3世纪,但最著名的还是在清代乾隆朝,也就是18世纪后期,当时各类书籍大量刊印,针对这种景况,朝廷下诏,将有"违碍"和"悖逆"文字的书籍一律禁毁。②

在近代早期的欧洲,无论在世俗国家还是教会,对书籍出版的审查是掌权者必定会考虑的大事。天主教和新教教会在此并无二致,它们都对异端、煽动反叛以及不道德的思想学说等极为关注。

---

① M. E. Berry, *Japan in Print: Information and Nation in the Early Modern Period*, Berkeley CA 2006.

② P. Kornicki, *The Book in Japan: A Cultural History from the Beginnings to the 19th Century*, Leiden 1998, 320-362; T Brook, "Censorship in 18th-century China: A view from the book trade", *Canadian Journal of History* 23 (1988), 177-196.

该时期最著名也是被应用最广的审查体系就是天主教会的"禁书书目"。该书目收集了教廷曾下令严禁阅读的各类书籍目录,编印出版,这也是对新教势力"精神污染"的一种对抗。从16世纪中期一直到20世纪中期,天主教教宗多次发布此类书目,其禁令广布整个天主教世界。① 公开焚毁禁书之事在天主教世界也很常见,比如16世纪的西班牙大量烧毁伊斯兰教书籍,而近代安特卫普、巴黎、佛罗伦萨、威尼斯以及其他各地都曾公开焚毁大量新教书籍。新教教会的审查相比天主教而言,效果就不如后者显著,这并不是因为新教更宽容,而是由于新教更为分裂,路德宗、加尔文宗和其他宗派都自成一体。

政府在书籍出版前就开展审查,这一现象在英国结束于1695年,在法国是1789年,在普鲁士是1850年,俄国则是1905年。尽管如此,政府仍然试图对出版加以控制,焚书的行动仍在继续,最恶名昭彰的例子出现在1933年希特勒掌权之后的德国,当时许多德国城市都出现了大规模焚书运动,由德国学生联合会组织,被毁的书籍的作者大多是犹太人、共产主义者或其他外国作家。时至今日,在伊朗、俄罗斯等地,极权主义政权仍然下令禁书、管控电视节目或封锁特定的网站。

---

① P. Grendler, "Printing and censorship", in C. Schmitt and Q. Skinner (eds.) *The Cambridge History of Renaissance Philosophy*, Cambridge 1988, 25-53; M. Infelise, *I libri prohibiti da Gutenberg a l'Encyclopédie*, Rome and Bari 1999.

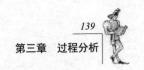

第三章 过程分析

隐瞒与揭露

前文曾提及,历史学家们需要研究知识的对立面"无知",同样的,他们也需要研究知识"扩散"的对立面,也就是"隐瞒"。一直以来,许多统治者都尝试隐瞒一些所谓的"国家秘密"(arcana imperii)。世界上某些国家的人们会试图对他们新的统治者隐瞒某些地方知识,比如,18世纪的印度知识分子们就千方百计想阻止英国人学习梵文。① 各地的秘密社会则希望将某些特定的知识限制在成员的圈子之内。类似情况还出现在某些领域的专门人士之中,从铁匠到各种礼仪主事,他们无不希望保留自己的"知识资本"。以此我们就能理解,英语中的 mystery 一词不仅指"秘密",曾经它也意为"手艺"。

当然,我们也可想象,研究这一领域的史家们会面临特别的问题。当历史上的这些隐瞒活动失败时,它们反而容易被后人研究,而成功的隐瞒行为,其本身就极难追寻。通过考察那些失败的隐瞒行为,我们可以了解隐瞒者在很长时间里所采用的方法以及不断变换的策略,这是一个针锋相对的过程,一方试图将某些知识维持在保密状态,而他们的对手则希望获取这些知识,不论是为了他们自己,还是为了更广大的公众。这种解密的过程常常有赖于一个系统里的"内奸"。就像在战争中,新的进攻手段诞生,随之就会带来新的防守方法,互相角力,不断反复。

---

① Dodson, *Orientalism*, 53.

在这个漫长过程中,"隐瞒"和"解密"的争夺不断升级,为了使之更为形象化,我们来看符码和密码的历史。在公元9世纪,阿拉伯哲学家肯迪(al-Kindi)就曾写过一本破解密码的指南书。到了15世纪,人们发明了一套多字母密码体系来防止被破解,这套体系基于对某些字母反复出现的频率分析。在19世纪,一种更为复杂的数学分析方法出现,使得之前的多字母密码体系也不再有效。20世纪则是密码机的时代,比如德国使用过的著名的恩尼格码(Enigma)密码机,其密码最终被波兰密码专家们和布莱切利庄园的一个英国工作组联合破解。① 在互联网时代,攻守双方都采取新的形式,攻击者使用自动化的智能数据采集,而防御方也有了自动化的网络安全系统。

不止于此,这种争夺的另一种形式就是通过监测手段来获取信息,很多时候这些保密的信息也会被"泄露"给公众。一方面来看,政府(在近来还包括那些大公司)会通过各种手段收集信息,秘不外宣。比如说,在近代早期,威尼斯共和国派驻其他各国的使节会利用间谍和其他线人来搜集敏感问题的情报,并将其写入秘密报告当中。到今日,间谍的工作(行内术语叫"人工情报"HUMINT, human intelligence)虽然还未被"技术情报"(TECHINT, technical intelligence)所取代,但很大程度上需要后者的辅助。我们举美国国家安全局(National Security Agency)为例,他们使用各种工具和监

---

① D. Kahn, *The Codebreakers*, London 1978.

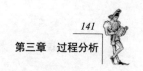

第三章 过程分析

控系统来收集和分析数据,其中最有名的就是XKeyscore系统,后者能在互联网上甚至是私人电子邮件中搜寻信息。无论是在商业上还是政治上,间谍活动已经从个人对组织的渗透活动转变成了远程的计算机侵入。

另一方面,历史学者们发现,威尼斯驻外使节的"秘密"报告常常会被抄录,而这些抄本则在罗马或其他地方售卖。德维沃(Filippo De Vivo)曾讲过一个故事,17世纪早期有一位威尼斯的外交官被派驻英国,当他去拜访牛津大学的博德林图书馆时,惊讶地发现那里收藏着一大卷手抄文件,其中包含十四份威尼斯秘密外交报告。① 此类官方机密被泄露,在历史上并不少见,最近的例子往往是体制内人士将机密文件的电子文档提供给媒体。比如在2010年,美国军人曼宁(Bradley Manning)将美国空军有关伊拉克战争的文件泄露给了"维基解密"网站;2013年,斯诺登(Edward Snowden)则将大量美国国家安全局的文档披露给《卫报》和《华盛顿邮报》。纵观古今,信息传播的媒介发生了改变,传播量也大为增加,然而,"保密"与"解密"之间的古老争夺仍在继续。

获取知识的权利

不管在古代还是今日,有些人试图将信息保密,而有些人则试图披露信息(无论是间谍、新闻记者还是黑客),这就导致了获取知

---

① F. De Vivo, *Information and Communication in Venice: Rethinking Early Modern Politics*, Oxford 2007, 57-58.

识的权利问题,因为所谓"机密",就意味着有知晓秘密的局内人,还有浑然不知的局外人。获取知识的权利长期以来就是不平等的,尤其是对于那些创造知识、保存知识的机构(如大学、档案馆、图书馆、博物馆)而言。在历史上,许多人都试图扩大拥有此类权利人士的范围。在五百年前,印刷术的发明为这种尝试提供了很好的工具,然而,印刷术本身并无法增多知识拥有者的数量,其间还需要克服两个主要的障碍:文盲和拉丁文。所以,当时社会掀起的文化运动,或者可以说"战役",目标主要有二,其一是普及识字率,其二是将知识用各国国语进行表述。

古腾堡的德意志同胞马丁·路德是一位领袖人物,当时许多人希望能用德意志语言来表述宗教知识,尤其是关于《圣经》的知识,而路德就是其中的代表,这种尝试正是今天我们称之为"宗教改革"运动的核心内容。在医学领域,另一位德意志人帕拉塞苏斯(Paracelsus)扮演着路德的角色,他坚持用德语来演讲和写作。

从长时段来看,在欧洲,我们今天所谓知识国语化的浪潮不可阻挡。在17世纪上半叶以前,百科全书类的书籍通常是以拉丁文出版的;但自那以后,现代语言文字的百科全书开始出现,其中包括创始于苏格兰的《大不列颠百科全书》,以及著名的法国《百科全书》。法国的《百科全书》在知识传播方面无疑贡献巨大,同时它也引发了一些争议。它非常详尽地描述了许多手工技艺的实践细节,并配有很多插图。通过这种方式,它向公众介绍了大量新的知识,而这些知识在先前是外行无法知晓的。把私人化的知识公开,这是

第三章 过程分析

狄德罗（Diderot）向当时的行会体系"挑战"的重要一步，他坚信，这种手工艺知识的"公开化"会促进经济的繁荣，对人性的发展也不无裨益。①

"共有知识"这一理念，在 19 世纪社会中得以制度化，比如 1826 年英国"实用知识传布学会"（British Society for the Diffusion of Useful Knowledge）成立，该学会建立其实是响应了在德国和美国出现的类似倡议。在成人教育方面，当时英国出现了被称之为"技工学院"（Mechanics' Institutes）的机构，而在丹麦则有"人民高校"（Folkehøjskole）这样的学校。一些大众百科辞典出版后很受读者欢迎，比如 1860 年英国钱伯斯兄弟（Chambers Brothers）公司出版的《大众普通知识辞典》（A Dictionary of Universal Knowledge for the People）。19 世纪的另一项发明是面向更广大读者的通俗性报纸，在美国、英国、法国、德国和其他地方，此类报纸发展迅猛。当然，这有赖于先前时代民众识字率的提高和大众教育的普及。其实英国和日本在此大约同步，都是在 1870 年前后开始这场迈向"现代化"的战斗。有学者认为，即使是议院民主也有赖于这项发明，因为报纸向普通选民传播信息，以便他们做出政治上的选择。1867 年，当英国国内选举权范围扩大后，时任财政大臣洛尔（Robert Lowe）用他惯有的嘲讽口气评论道，"我们必须教育好我们的主人们"。

到了 20 世纪，在技术上至少有三项革命扩大了民众获取知识的

---

① J. Proust, *Diderot et l'Encyclopédie*, Paris 1962.

途径，使得"共有知识"的梦想最终得以实现，那就是广播、电视和互联网。知识的全球化其实也受益于英语作为一种国际交流语言的普及——英语成了新的拉丁语，同时也受益于图像的大量传播，后者不需要翻译。20世纪的下半叶同时也是一个知识"民主化"的伟大时代，这要归因于广播讲座、科学普及类电视节目、开放的大学以及互联网百科全书等。在政治领域，人们不断追求信息的自由传播和政府行政的透明度。在苏联，1985年戈尔巴乔夫（Mikhail Gorbachev）掌权后不久，他就开始推动一项"开放"（Glasnost）政策，其意是在新闻媒体中减少"官方禁止讨论话题的数量"。① 在世界各地，获取信息的自由都大为增加，公众也逐渐获得接触官方文件的机会。

前面提到的例子都说明知识如何不断被更多的民众共享，尽管如此，我们应该避免一个过于乐观的假设，仿佛知识的传播——不论在地理上还是社会上——就是必然的。事实上，更现实的看法是把知识史看作一场充满角力的战争，是"扩大"和"限制"这两种力量之间长久的争斗。比如说，在近代早期欧洲，用地方国语来写作能扩大知识传播的范围，惠及那些无法阅读拉丁文的社会阶层；然而，国语写作在另一方面却限制了外国人接触知识的可能。在马丁·路德的时代，伊拉斯谟使用拉丁文写作，他的读者遍布欧洲，从英格兰到波兰，地域上很广，但社会阶层上却有局限；而路德在

---

① J. Gibbs, *Gorbachev's Glasnost*, College Station TX 1994.

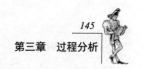

第三章 过程分析

这点上正好相反。同样，吊诡的是，全球化在扩大知识受众的同时，也在限制其受众。有时，知识的被迫消亡使得其受众变为零。很多"地方性"的知识正在面临危机，这种危机会使其最终消亡。最显著的例子就是语言，当下世界仍被使用的语言中，最晚在21世纪末大约有六千种会处于消亡状态，有些甚至更早。

无论如何，人类对知识的占有并不这么容易。在过去和当下，构成阻碍的主要有三点因素。第一点或许也是最不易被人察觉的，就是知识的专门化。就人类整体而言，我们所知的比以往任何时代都多，但就个体而言，要把握人类知识的整体图景变得越来越难。第二点，政治体制依然会对知识的共有产生威胁。其中消极的形式就是审查制度，而积极的形式就是有关知识的保密制度，尽管这些在极权国家较为常见，但其实各国都有，只是程度不同。第三点则是一种"私人化"的潮流。知识的"所有权"这一观念并不是资本主义的发明，但是资本主义时代的各种专利制度和知识产权，确实推动了知识私有化的进程。举例而言，制药公司正试图把一些传统的地方知识申请专利，比如印度人用姜黄杀菌的技术。

《全球概览》(Whole Earth Catalog)的作者布兰德(Steward Brand)曾说过："信息渴望自由"。相比之下，经济学家阿罗(Kenneth Arrow)的评论则更为审慎："将信息变成财产是一件很困难的事。"[1] 不论如何，某些政府和公司在这方面已经成功了，或者说至少暂时

---

[1] Arrow,"Economics of information", 125.

是成功了。

（4）应用知识

一直以来，"实用知识"都是个很受欢迎的概念，尤其到18世纪中叶以后，它成为许多组织和社会运动的关注焦点。在德国的埃尔福特，"实用知识学院"（Akademie gemeinütziger Wissenschaften）于1754年创立。在美国，1766年在费城创办的"美国实用知识促进哲学学会"（American Philosophical Society for the Promotion of Useful Knowledge）一马当先，而后类似的团体在特伦顿、纽约和列克星敦等地纷纷出现。在英国，"实用知识传布学会"在1826年创立。法国的《实用知识杂志》（*Journal des Connaissances Utiles*）则创办于1832年。

其实，人们很自然会发问：对谁有用？为什么有用？不同的知识很显然是由于不同的意图而被应用。在近代早期的欧洲，学习古典修辞术在法律和政治实践中是大有用处的。当时各帝国如果没有对地形和相关资源的认知，几乎很难生存下来。当然，战争中也要用到大量的地理知识。比如拿破仑的军队中就有大量地形学的专家，他们对奥地利、意大利、俄国等地都进行了调查和制图。到了19世纪，掌握主动的是普鲁士人，1870年至1871年普法战争中，按照一名地理学家的说法，"对胜利而言，地图和武器一样重要"。至于到1990年至1991年的海湾战争，美国军队开始配备了新的地

第三章 过程分析

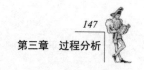

理信息系统。

和战场一样,在商场上,获知竞争对手的计划和技术,同时又要保证自己的计划和技术不被对手知晓,两者同等重要。简而言之,应用知识的过程也是控制的过程,我们在此再次引用福柯的著名论断:"知识往往会引发权力的运作"。

反宗教改革与教会

在16世纪至17世纪,天主教会掀起一场"反宗教改革"运动,这段历史就能佐证福柯的论断。基督新教势力的崛起和快速成长,也唤醒了天主教会上层,他们用了许多方法来应对。首先,教会试图加强宗教知识在普通民众中的传播,除了传统的布道方式,他们还引入了一个新鲜事物,就是教义问答。这种针对教义教理一问一答的形式,能更方便地测试信徒的宗教知识。其次,在主教层面,教会增加了系统性的工作,以便使主教能掌握有关信众宗教实践的信息。为了保证人人都会参加祷告,每个主教区都开展了人口普查。主教们还经常会到各地"巡视",换言之就是对每个教区的检查,不论是硬件层面——比如各教堂及其内部设施的状况,还是普通信徒的行为和信仰(是否有异端存在,有多少人被开除教籍,多少人与情妇私通),都在被检查范围内。教会内部会下发标准化的问卷,而信息汇总之后则可供相互比对。①

---

① P. Burke, "The bishop's questions and the people's religion", in *Historical Anthropology of Early Modern Europe*, Cambridge 1987, 40-47.

无论是在西班牙、意大利、葡萄牙,还是新大陆的天主教势力范围内,主教们的这些工作还得到宗教裁判所的支持,后者持续地对信徒的行为和信仰进行调查,在几个世纪里累积起数量极其可观的"数据银行",而今天的历史学家们正以各自不同的研究目的去"打劫"这些银行。在"反宗教改革"期间,教会内出现了许多新的修会,而耶稣会就是其中的一员。耶稣会成长非常迅速,其传道范围很快远至世界各角落,从加拿大到巴拉圭,从印度到日本。耶稣会的组织体系中,很独特的一点就是它的信息系统,牵涉广大,精细复杂。耶稣会是中央集权的修会,由身处罗马的"总会长"负责,世界各地的耶稣会传道团或学院都要定期向总会长提交报告或信件,以使他能密切关注每一个传道区的进展,确保无论何时何地何种情况,都在他那双"长手"的掌握之内。①

其实,在新教世界里,神职人员们同样致力于向民众传播宗教知识,以及掌握有关信徒的信息和知识。在传播知识方面,最好的例证就是两个英国的协会,其一是1698年创立的基督教知识促进会(Society for the Promotion of Christian Knowledge),它也支持外派传教士;其二则是1804年创立的英国及海外圣经公会(British and Foreign Bible Society),该公会使世界各地的信众能更方便地获得《圣经》。至于掌握有关信徒的知识方面,新教教会和天主教一样,也会

---

① M. Friedrich, *Der lange Arm Roms? Globale Verwaltung und Kommunikation im Jesuitenorden 1540-1773*, Frankfurt 2011; "Communication and bureaucracy in the early modern society of Jesus", *Zeitschrift für Schweizerische Religions und Kirchegeschichte* 101 (2007), 49-75.

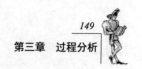

第三章 过程分析

开展"巡视"。比如在瑞典,从17世纪以来,牧师会定期到信徒家中拜访,对信徒全家都进行询问,考察他们阅读和领会《圣经》的情况。①

官僚化

在近代早期的欧洲,新国家形成和政府不断集权化的过程,也带动了对海量信息的应用。加拿大社会学家多萝西·史密斯(Dorothy Smith)曾经谈到过"以文本为媒介的统治形式",而历史学家们已经注意到该统治形式的兴起,诸如大量撰写的书信,各种带有评注的公文报告,表格、问卷等形式的普及,这一切都在塑造近现代的"信息国家""档案国家"或是"文牍国家"——当然,今天这些都逐渐转变为"数字国家"。②这一切都可以被描述成"官僚政治"的兴起,就像这个词的字面涵义一样,由各种官僚机构、部门及其雇员开展统治。这些机构中的官员执行或发布书面的政令,留下大量记录备查,同时撰写有关国内外政治局势的报告,以辅助决策。从前这些马背上的帝王,逐渐转变成坐在书桌前的统治者,无论是16世纪西班牙的菲利普二世,还是17世纪法国的路易十四,无不如此。

---

① E. Johansson, "Literacy studies in Sweden", in Johansson (ed.) *Literacy and Society in a Historical Perspective*, Umeå 1973, 41-65.

② D. E. Smith, *Texts, Facts and Femininity: Exploring the Relations of Ruling*, London 1990.

收集信息的方式有很多种,发放表格让人填写是其中之一(早在16世纪威尼斯就以此开展人口调查)。抑或使用问卷调查,西班牙帝国就是最好的例子。西班牙帝国系统性地收集有关新大陆的信息,开始于1569年,当年墨西哥和秘鲁的地方官员都收到了一份有37项问题的问卷,而1577年另一份问卷则有50项问题之多。正如德国历史学家布伦戴克(Arndt Brendecke)所指出的,"经验主义"也成了帝国统治的工具。①

众所周知,帝国政权,尤其是那些新兴的帝国,迫切需要了解其所掌控土地的各种信息。然而,从近代早期开始,政府对于国家土地上的人口信息的需求变得越来越强,不论是为了税收、军事服役还是宗教的整合,它们会在辖地内采取各种手段获得信息。在此最好的例子是法国人柯贝尔(Jean-Baptiste Colbert),他最著名的身份是路易十四时期的财政大臣,但同时,他也可以被称得上是个信息大臣。他重新建立了一套对法国各省长官的管理系统,"改变了他们的职能",从原来的征税者转变为监察者和线人,从而制造出"一个无比庞大的信息库"。如学者索尔(Jacob Soll)所说,这个信息库"包含极致的细节,甚至某个特定地区里奶牛的数目都要一清二楚"。柯贝尔向各地官员发出大量的问卷,要求印度和其他各地的人向他提交报告,他试图把学术也纳入国家的管理,并建立了档案

---

① A. Brendecke, *Imperium und Empirie, Funktionen des Wissens in der spanischen Kolonialherrschaft*, Cologne 2009, 252ff and passim.

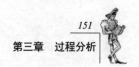

第三章 过程分析

馆,所有信息都得以保存良好,方便被调阅。①

我们举了这些欧洲的例子,并不意味着其他地区的政府没有加入这个大的历史进程。在南亚莫卧儿帝国早期,阿克巴大帝统治的时代就已经建立了一个"文牍政府",这一套方式后来被东印度公司学去,以此开展在印度的统治和贸易。近代早期的中国同样有一个大量制造公文的政权。②

自18世纪以来,欧洲各国政府的集权化倾向变得越来越强,以往建基于知识上的国家已逐渐转变为"监视的国家",这种"监视"早先由人力完成,近些年则渐渐被摄像头、录音器和电脑取代。同时,国家还要求民众个人携带各种形式的身份证件,这也对"监视"形成辅助。护照的出现已有很长的历史,但只有到第一次世界大战时,它才在世界范围内成为到外国旅行的必需证件。国际联盟在20世纪20年代举行的一系列会议上确立了这项法规。随之,身份证也成为所有公民必持有之物,在法国和德国大概是1940年前后,其他国家则紧随其后。③

国家大量利用信息,对此如何解释,学界还有争议。一方面,

---

① J. Soll, *The Information Master: Jean-Baptiste Colbert's Secret State Intelligence System*, Ann Arbor 2009, 72-73, 100, 104-112.

② M. Moir, "Kaghazi Raj: Notes on the documentary basis of company rule, 1783-1858", *Indo-British Review* 21 (1983), 185-189; P. A. Kuhn, *Soulstealers: The Chinese Sorcery Scare of 1768*, Cambridge, MA 1990.

③ J. Caplan and J. Torpey (eds.) *Documenting Individual Identity*, Princeton NJ 2001; J. Torpey, *The Invention of the Passport*, Cambridge 2000.

某些学者对政府的动机进行一种"恶性的"解释，比如福柯就一直强调政府企图控制民众的欲望。福柯的支持者包括英国历史学家加特雷尔（Vic Gatrell），他研究了1869年英国惯犯登记制度的建立，该制度使政府能更容易地将二次犯案的罪犯抓捕入狱。但相反的是，另一位英国历史学家希格斯（Edward Higgs）则对政府的信息利用提供了"良性的"解释。和加特雷尔一样，希格斯也关注19世纪，他认为政府对信息的收集能够更好地授予、捍卫和扩大民众个人的权利。他提出，这些信息"能够在一个多元的社会中加固普遍权利和自由的基础"。① 在近代早期历史中，情况也很类似。信息收集有时是出于福利救济目的，比如在饥荒年代，它是为了弄清挨饿人口的具体数量。在此，不同路径的解释都有话可说，对某个特定政权而言，区别在于是更看重"福利救济"，还是更强调"监视"。

商业中知识的应用

对商业行为中知识应用的研究可谓百花齐放。学者们的关注点之一是商业手册。自中世纪晚期以来，越来越多的商业手册不断涌现，在佛罗伦萨、布鲁日、阿勒颇等很多城市都能见到此类手册，它为商人们（尤其是在国外旅居的商人）提供了大量必要的信息，包括如何记账、各种商品的重量、度量衡、当地货币等

---

① E. Higgs, *The Information State in England: The Central Collection of Information on Citizens*, Basingstoke 2004, reviewed by V. Gatrell, *Journal of Historical Sociology* 18 (2005), 126-132.

等，当然，还有如何避免被骗的提示。这些知识是实用性的，许多是通过默会习得，从前在亲友、师徒之间以亲身示范、口耳相授之类的方式传播，此时开始被写下来，印刷出版，从而得到更广泛的传播。[①]

在世界贸易的时代，随着企业规模的不断扩大，它们对于书面成文信息的需求也与日俱增。其中最著名的例子就是荷兰东印度公司，创立于1602年，今天我们将其形容为一家"制造知识的公司"。荷兰东印度公司如今被视为早期"跨国公司"的代表，它能取得巨大成功，原因很多，其中之一就是拥有高效的通信网络，信息能从中心城市阿姆斯特丹快速传播到它在亚洲的总部巴达维亚（今日的雅加达），以及在长崎、苏拉特和其他地方的分部。当然，更重要的是从亚洲各地传回阿姆斯特丹。随着新信息的不断汇总，荷兰东印度公司时时更新它们使用的地图和航海图等。该公司的雇员们还大量以贿赂的方式（他们将之委婉地称作"酬金"）从荷兰和其他国家的外交官那里获取信息。当然，这个信息系统中最关键的部分就是定期撰写的商业报告，其中包含了海量的重要商业信息，而大部分都是统计数据和资料。这些报告来自各地的分部，而巴达维亚总部的公司主管也会每年撰写报告，所有这些都发给阿姆斯特丹的公司董事们。到17世纪末，东印度公司内部会基于对各种销售数据的分析来制定未来公司政策，包括对胡椒以及其他亚洲货品的采购数

---

① J. Hoock and P. Jeannin, *Ars mercatoria*, 6 vols., Paderborn 1991.

量和定价等。①

在荷兰东印度公司时代还不算常见的这种"知识策略",在后世则逐步普及开来。尤其是到了19世纪晚期,在美国和其他地方,随着大型制造业公司的兴起,便是如此。这些大型企业有着国家一般的官僚系统,由被称作"经理"的各级职员进行管理。通过统计数据、报告、通信、纸面公文等多种形式,企业从外界获取的信息量与日俱增,并在内部不断流转。此外,新的办公技术的出现也在推进这个过程,比如打字机、文件档案柜、回形针、文件夹等。② 同样在19世纪晚期,在大型企业中,一种我们今天称之为"研发"(Research and Development)的部门开始出现,企业创建实验室,雇用科学家和专家创制新产品或改进原有的产品。举例而言,在1876年,发明家爱迪生(Thomas Edison)在美国新泽西州的门罗公园(Menlo Park)创办了世界上第一家工业研究实验室。实验室甚至雇用化学家来研发人工染料,雇用药物学家研发新的医疗用药。

在同一时代,企业也开始使用各种方式——通过报纸、海报、电台等形式发放广告——来宣传自己的产品。比如"梨牌香皂"(Pears Soap),它一直以来采取积极激进的广告策略,在维多利亚后期就已经成为英国家喻户晓的品牌。到20世纪30年代,美国企业会在街

---

① L. Blussé and I. Ooms (eds.), *Kennis en Compagnie: de Vereenigde Oost-Indische Compagnie en de modern wetenschap*, Amsterdam 2002.

② J. Yates, "Business use of information and technology during the industrial age", in A. D. Chandler and J. W. Cortada (eds.) *A Nation Transformed by Information*, New York 2000, 107-136.

第三章 过程分析

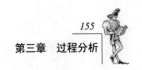

头对民众进行采访,以调查广告的效果。系统性的"市场调查"这时已经出现。

再应用

在前面的几节中我们分别谈了宗教、政治和经济领域内知识的应用。然而,我们不能忽视的是"再应用"的情况。无论是获取信息的技术,还是信息本身,有时都会从一个"使用者"转到别人那里。比方说,在近代早期的欧洲,问卷这种方式最初是天主教会为了获取有用知识而采用的,但后来世俗国家也开始效仿。在20世纪的美国,政界也开始学习企业的市场调查方式,即出现了所谓"民意调查"这种形式。博物馆策划人所采用的摆放展示藏品的方式,是受到了商店橱窗的启发。而使用卡片做索引的方法最初由政府公务员使用,而后传至图书馆,甚至学者个体做研究时也常常使用。

知识应用方法从政治领域向学术领域的转移,这并不少见。官方档案馆中的文件最初得以保存,是因为人们觉得这些材料在将来的日常行政中会发挥作用。直到法国大革命之后,政府档案才逐渐开始对公众开放,历史学家们(尽管他们不是唯一的利用者)得以利用档案资料进行研究。法国国家档案馆在1800年创立,英国公共档案局(British Public Record Office)则于1838年对外开放,位于西曼卡斯(Simancas)的西班牙国家档案馆在19世纪40年代开始开放,而梵蒂冈的档案馆则开放于1881年。1989年以后许多东欧国家的共产体制结束,甚至连秘密警察部队(比如东德的"斯塔西")的档案都对外开放,基于这些材料的研究也得以开展。

知识的误用

对不同种类的知识加以应用,有时也会带来无法预料的灾难性后果。就像英国诗人蒲柏(Alexander Pope)所说:"略知一二,是一件危险的事。"这也是斯科特在1998年出版的《国家的视角》一书的核心命题。作为一名长期在东南亚进行田野调查并特别关注农民问题的人类学家,斯科特成功地展示了"那些试图改善人类状况的计划是如何失败的"。他认为,从18世纪开始,出现了一系列试图"将社会变得可认知"的尝试。这里"变得可认知"不仅仅指编绘地图、开展统计以及其他信息获取,还包括"将收税、征兵、防止叛乱等传统的国家职能简化,以新的方式组织人口"。斯科特的叙述从德国的林业开始,在德国,国家将森林视为收入来源,而学术性的林学则旨在估算、管理这种收入。"科学将整齐划一的建构方式强加于杂乱的自然之上,德国的森林就成了最好的原型。"树木被种成整齐的一排排,仿佛列队游行一般。由树木的安排开始,斯科特随之转向了人的安排问题,他提出了所谓"极权的高度现代主义",具体的例证包括苏联时期的农业集体化运动、巴西利亚城市的建立、坦桑尼亚的强制村有化等。在每一个案中,斯科特都强调,由国家力量推行的计划如何忽视地方的条件和问题,从而导致负面的效果。

第三章 过程分析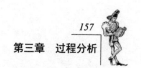

《国家的视角》一书可以被视为一名人类学家对现代国家的批判，但同时，它也是对社会学、对普遍的"非语境化"的知识的批判。斯科特认为，"这种所谓的普遍知识，会带来视野的偏狭化"，他用雄辩的论述，主张人们应关注另一种知识，即地方性的、实践的、语境化的知识，"这种可贵的知识正是高度现代主义体制强行推动自己的计划时所抛弃的"。许多较近的研究也支持斯科特的论点，对地方性知识的忽视会导致极大危险。①

---

① J. C. Scott, *Seeing like a State*, New Haven CN 1999; cf. B. Flyvbjerg, "Phronesis and megaprojects", in B. Flyvbjerg, T. Landman and S. Schram (eds.) *Real Social Science: Applied Phronesis*, Cambridge 2012, 95-121.

第四章

问题与前景

1. 问题

目前为止,学界对知识史的研究,并不只是在制造一连串学术共识,当然,学者们在很多话题上意见一致,但在另一些问题上也存在冲突。本书第二章中曾提到过一个著名的例子,就是由萨义德《东方主义》一书引发的讨论,支持者和批评者各执一词,不相上下。就如同历史学在总体上总是充满问题一样,知识史的研究也不可能毫无争论。其中有长期存在的老问题,比如内部与外部视角之争、连续性与变革之争、时代误植与相对主义之争,也有新涌现的问题,比如胜利主义和建构主义。本章的写作目的并不是就复杂的问题给出简单的解决方案,而是希望提醒人们,这个领域内很多研究背后还潜藏着一些基本判断,值得更多注意。

（1）内部与外部之争

本书中多次提到的一个问题就是知识和社会之间的关系。自从马克思和曼海姆提出该问题以来，一直争讼纷纭。这问题的另一种形式就是在知识史的两种取向之间该如何选择。第一种是"内部的"取向，即从知识内部的成长和衰落等因素来解释知识史的流变；另一种是"外部的"取向，从知识以外世界的各种因素来解释知识史。就知识史而言，如何看待知识的不断分化，内部取向认为这是由于信息的加速累积而导致，而外部取向则将其看作不断增长的社会劳动分工的一部分。"内部取向论者"认为他们的对手太缺乏敏感性，而"外部取向论者"则觉得其论敌太过偏狭。

要解决这一争端，人们通常会提出这两种取向都是必要的，也就是说，试图调和两者，但在实践中这种调和相当艰难。另一方面，知识和社会关系这一问题，还有很多其他的形式，并不能被轻易忽视。最重要的问题是，某种特定的社会形态是否简单决定了或是影响了其中的知识。这一问题其实会牵引出更多疑问，比如，什么能称得上是一个"社会"？举例而言，21世纪初的英国究竟只有一个还是有很多个"社会"？"社会"究竟指的是社会结构，也就是性别、阶层和职业的分化，还是也包含经济和政治体系？在第二波知识社会学浪潮的冲击之下，我们需要反省的问题还有：在某个特定时空条件下，塑造知识的究竟是"社会"还是"文化"（包含基本的价值）？所有这些问题，我们都无法轻易回答。但至少我可以说，如

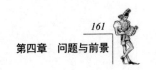

第四章 问题与前景

果对知识史的研究完全不顾及这些问题,那会是很不明智的。

(2)连续性与变革之争

从整体上看,在知识史上连续性和变革两者究竟哪个更重要,这是长久的争论。当然,人们总是会说,真理总是存在于两个极端之间,然而,要针对不同的时间、地点和领域进行区分,却并不容易。在科学史研究中,有一本经典著作就是库恩(Thomas Kuhn)出版于1962年的《科学革命的结构》(*Structure of Scientific Revolutions*)。[1] 库恩认为,以往的科学史研究大多存在一种"累积性发展的概念",而他反对这一概念,更强调周期性发生的革命的重要性。他认为,每一场革命都会经历几个阶段,第一个阶段是对于"反常"的认知,换句话说,人们开始认识到,某些信息与当时普遍被接受的对自然世界的解释并不相容,这些解释被库恩称为"范式",或者说是某个特定时空下"常规科学"的模式。第二个阶段就是当"反常"不断累积之后,原有范式就会产生危机。第三个阶段就是"革命",新的范式产生,它作为"常规科学"的新形式被普遍接受,当然,在将来它还会受到新的"反常"之挑战。

在法国,对连续性假设的质疑开始于更早。哲学家加斯东·巴什拉(Gaston Bachelard)是库恩的前一代人,他和乔治·冈圭朗(Georges Canguilhem)——后者在他之后继任了巴黎科学史研究所

---

[1] T. S. Kuhn, *The Structure of Scientific Revolutions*, Chicago IL 1962.

的主任——都反对科学革命是渐进的、连续性的、累积性的这一观点,他们提出了突变或者说"断裂"的观念。突变就意味着一种突破,意味着扫除巴什拉所谓"认识论障碍"的东西,比如说,"万物都有生命"这一假设就属于此类"障碍"。①

福柯正是继承了巴什拉和冈圭朗的思想传统,尽管这听上去有些反常。福柯激烈地批判知识史连续性的主张,继而,他提倡一种"知识的考古学",穿透历史的表面,进入深处,对知识的地层进行挖掘,他强调,不同时间段的"话语"或者说"知识型"之间存在着尖锐的断裂。② 和库恩一样,福柯不喜欢说"演化",他更强调的是"变革",所以他有时会使用"诞生"这种比喻说法,就像《临床医学的诞生》一书所示。

演化和变革孰轻孰重?在这场持久的学界争论中,究竟哪一方获得了胜利?显然,我们不能认为知识史或学科史上发生的所有变化都属于同一类型。这里需要指出,如果对具体细节进行详尽考究,人们会发现有些所谓知识革命其实并没有多么强的变革性,在此最好的例子就是17世纪的"科学革命"。美国历史学家夏平在他的著作中开篇就说,"历史上并没有科学革命这回事,本书想讨论的就是这点"。他质疑的是,是否真的存在"一个内在一致的、突然发生的、惊天动地的事件,能够根本性地、无可逆转地改变人们对自

---

① G. Bachelard (1934), *The Formation of the Scientific Mind*, English trans. Manchester 2002; G. Canguilhem, *Knowledge of Life* (1965), English trans. New York 2008.

② M. Foucault, *The Archaeology of Knowledge* (1969), English trans. New York 1972.

第四章 问题与前景

然世界的看法,改变人们获得可靠知识的方式",夏平的回答是否定的,他认为变化是绵延几代人、通过一系列事件逐渐形成的。①

同样的思路还可用于研究 19 世纪历史学中同兰克有关的这场"革命"。有些历史学家受到库恩的启发,将兰克的贡献描述为一个新的史学"范式"。② 当然,兰克确实是个伟大的人物,他对历史学这一专业有着非凡的影响,首先在德国,而后传至其他国家。他批评更早的历史学家们过于依赖编年史一类的文献,而对各类档案馆中的资料重视不够,可谓切中肯綮。然而,兰克自己远不是第一个使用档案文献开展研究的历史学家,他最著名的贡献之一是发掘了威尼斯共和国驻外使节写给共和国参议院的报告,但讽刺的是,这些报告称不上是"原始"文献,只是经过许多文学化加工的产品。这一例子再次提醒我们,有时隔着遥远的距离看去仿佛是一个突如其来的革命,但若贴近观察,那只是渐进变化过程的一部分而已。

对知识"革命"的仔细考察揭示的往往是连续性,但反过来也一样,本书第二章中涉及的那些对"传统"的研究早已表明这一点。尽管 traditio 这个拉丁文词的字面涵义是"传递",但已有许多学者指出,如若把两代人之间所传东西想象成固定不变的,那将是极大的错误。由于世界本身处于不断变化当中,我们甚至可以说,如果某项传统保持如一,那它就已经有所不同了,因为它所处

---

① S. Shapin, *The Scientific Revolution*, Chicago IL 1996.
② G. G. Iggers, "The crisis of the Rankean paradigm", in *Syracuse Scholar* 9 (1988), 43-50.

什么是知识史

的环境肯定发生了变化。正基于此,荷兰印度学家赫斯特曼(Jan Heesterman)就谈到过所谓"不同传统的内在冲突"。这就是为什么人们总是希望重构传统,发明新的传统,又或是去掩饰变化的发生——正如宗教改革时期的天主教会一直强调"始终如一"(semper eadem)。①

(3)时代误植

要掩饰传统当中的变化,很容易导致的后果是历史解释产生一种时代错误。对历史学家而言,时代错误一般被认为是致命的过错——也许是最致命的过错,因为那意味着对变化的忽视,而"变化"是历史学家最关注的。

尽管如此,即使是最杰出的历史学家们也在有意使用一些"时代误植"的措辞。他们有意无意间都认为,历史学家是在过去文化和当下文化之间扮演一个"翻译者"的角色,但就像翻译家徜徉于不同语言间一样,他们面临艰难的选择,究竟是忠于他们所要翻译的那个过去文化,还是要照顾当下文化的可理解性。如果他们更强调忠于过去,翻译者就应采取"异国化"的策略,保留原语言中的术语样态。他们应该书写的,是17世纪的"自然哲学",而不是"科学";是中国古代的"绅士"(shen-shi),而不是"学者贵族";是

---

① J. C. Heesterman, *The Inner Conflict of Tradition*, Chicago II, 1985; cf. M. S. Phillips and G. Schochet, *Questions of Tradition*, Toronto 2004.

第四章 问题与前景

奥斯曼帝国时期的 *medreses* 或阿拉伯的 *madrasas*，而不是简单的"清真寺学校"；是德语的 *Bildung*，而不是用"教养"一说。①

另一方面，如果他们更强调当下的可理解性，翻译者就应选择"本土化"的策略。他们会使用人们熟悉的现代西方术语，比如"大学""科学"之类的词，去指称过去某个时代、某个地方的机构或者实践行动，尽管在其时其地，这些概念还根本不存在，但知识照样在传播，人们照样在探究自然。"本土化"可以让读者更加贴近过去，但也会产生过去和现在之间的混淆。"异国化"能保留过去文化的独特样貌，但却会使其显得遥不可及。

要讨论该问题，我们来看"知识分子"概念这一个案。正如本书第二章所示，这个术语在法语中是19世纪末开始为人使用，尤其是在"德雷福斯案"期间。正是在那一时刻，许多作家、科学家、学者们都参与到这一公共话题的讨论中，人们将它形容为"知识分子诞生"的时刻。法语中 *intellectuel* 这一术语正是在此时出现，并迅速传播到意大利语、西班牙语和英语等欧洲语言中。② 所以，严格说来，用"知识分子"这个词去指称它自己被创制前的那些知识渊博的学者，就会产生时代误植。尽管如果以"知识分子"的眼光去看待伏尔泰（Voltaire），我们会觉得这个称呼对他再合适不过，因为他既被同时代人称作"富有学问的人"，又十分积极地参与公众政治辩论，一如19世纪的左拉或20世纪的萨特。

---

① L. Venuti, *The Translator's Invisibility*, New York 1995.

② C. Charle, *Naissance des 'intellectuels'*, Paris 1990.

在此问题上,很多著名的历史学家其实更为大胆。杰出的法国中世纪史家勒高夫在他早年一篇颇具勇气的论文里,把12和13世纪的经院哲学家们(当时被称为 philosophi 或者 magistri)也称作"知识分子"。而对同样一群人,雅克·韦尔热(Jacques Verger)则倾向于使用一个更为"中性的"词汇,"富有知识之人"(gens de savoir),尽管他十分尊敬勒高夫。另一方面,在较近出版的一本论述中世纪早期"世俗知识分子"的论文集中,学者们坚持认为他们使用这个词是有根据的,因为当时的那些"知识分子"和左拉或萨特一样,积极地参与公众辩论。①

当然,有"知识分子"这么个通用的词汇,人们可以统合和对比各文化中的相关概念,比如中国的"绅士"、穆斯林世界的 'ulema、印度的 pandits、俄国的 intelligentsia 等。问题在于,这些学识渊博之人在他们各自的文化中所扮演的社会角色是不同的,而只用这一个词汇,就会抹平这些差异。较为实用的解决方案是,交替性地使用"知识分子"这个通用词和各语言里的专门词。然而问题依旧,翻译中必然会有意义的损失。进一步的,背后还有更大一个问题:不同的概念之间,究竟能否进行比较?② 相对主义的幽灵就会在此时浮现。

---

① J. Goff, *Les intellectuels au Moyen Âge*, Paris 1957; J. Verger, *Les gens de savoir dans l'Europe de la fin du Moyen Âge*, Paris 1997, 2-3; P. Wormald and J. L. Nelson (eds.) *Lay Intellectuals in the Carolingian World*, Cambridge 2007, 222, 248.

② T. S. Kuhn, "Remarks on incommensurability and translation", in R. R. Favretti, G. Sandri and R. Scazzieri (eds.) *Incommensurability and Translation*, Cheltenham 1999 33-38.

第四章 问题与前景

（4）相对主义

在知识史研究中，无论是何种时空、何种社会，我们都会遭遇各种不同的传统。面对这种"传统"的多样性，史家们往往会产生选择困难，如果坚持维护（甚至有时只是假定）某一个传统的优越性——常常就是西方的科学传统——那么会招来种族中心主义的指责，如果平等对待所有所谓的"知识"，那么则会被认为是相对主义甚至虚无主义。由于许多研究"知识多样性"的学者近来都转向选择后一策略，因此由选择引发的问题值得进行探讨。

卡尔·曼海姆对于"情境中的知识"的讨论影响很大，这就带来了一种相对主义。尽管曼海姆本人区分了所谓的"关系主义"和"哲学相对主义"，前者强调的是某种信仰总是和特定的时间、空间及社会集团"捆绑"在一起，而后者则否认任何真理与谎言区分的有效性。然而，他的这种区分也引发了一些批评。[1]

另一方面，曼海姆把自然科学置于他所说的"情境中的知识"之外，这也招致很多批评，比如最有名的就来自科学史家布鲁尔（David Bloor），他认为曼海姆在此缺乏勇气。在本书第二章中我们曾提过波兰学者弗莱克，他也对涂尔干有类似批评，涂尔干坚信科学是被社会条件"豁免"的。针对此类批评，托马斯·库恩也有所

---

[1] K. Mannheim, *Ideology and Utopia* (1929), English trans. London 1936, 254; R. K. Merton, "Karl Mannheim" (1941), in *Social Theory and Social Structure*, 2nd edition, Glencoe 1957, 489-508.

回应,他认为不同的科学理论是不同观察世界方式的产物,这些观察方式之间"无法比较"。而布鲁尔自己也抛出了一套科学社会学的"强纲领",他声称,对社会学家而言,知识总是处于特定的环境和文化之中的。①

人类学家通常也抱持相同立场。他们认为"不可比较性"不仅出现在理论之间,在不同的文化整体之间亦是如此。挪威学者巴斯曾说,"我们确实希望实践一种相对主义,从比较和分析的眼光看,所有人群的传统、知识的形式、认知的方式等都是同时代的、可持续的,每一个都有它自己的前提。"②正如我们所见,一些人类学家坚决拒斥所谓"社会意义上的豁免"之说,他们在科学实验室中开展"田野调查",希望观察现代西方科学知识是如何被制造出来。③对此形成补充的是,另一些人类学家将自然科学和所谓"人种科学"(原本被称作"本土知识")置于同等考量基础上,也就是他们所说的"一种更为直接的科学",更多强调的是"我们"和"他者"之间的相似性,而不是差异性。④

行文至此,我们需将哲学家和史学家所说的"相对主义"做一

---

① Kuhn, *Structure of Scientific Revolutions*, 4; D. Bloor, *Knowledge and Social Imagery*, London 1976.

② F. Barth, "An anthropology of knowledge", *Current Anthropology* 43 (2002), 1-18, at 3.

③ B. Latour and S. Woolgar, *Laboratory Life*, Beverly Hills CA 1979.

④ L. Nader (ed.) *Naked Science: Anthropological Inquiries into Boundaries, Power and Knowledge*, New York 1996. cf. M. Bravo, *The Accuracy of Ethnoscience*, Manchester 1996; L. M. Semali and J. L. Kincheloe (eds.) *What is Indigenous Knowledge?* New York 1999.

区分。一直以来,哲学家们都不太同意史学家解决相对主义问题的方式,当然,在哲学中相对主义可以是"复数的",有道德相对主义、认知相对主义、主体的相对主义等等。但另一方面,对历史学家而言,最紧迫的问题出在实践层面。要理解过去的知识体系,我们当然不需要说它们在认识世界方面同等有效,但是,我们确实需要以同等的方式去对待它们。过去时代有些认知方式,在今天我们看来显得十分幼稚或迷信——比如相信巫术的效力——但我们不能简单地以今天的标准去衡量,而应该将这些行为与它们所处的文化联系起来,与当时的社会规范联系起来,需要考虑那个时代知识验证的标准。就像在本书第三章中曾提到的,因纽特人的地图对今天的我们而言显然十分不精确,但它揭示的是另一种不同的理解空间的方式。关键之处在于,我们需要认真看待过去文化里的不同知识和智识类型,而不是带着现代的优越感将其斥之为谬误或者"迷信"。

(5)胜利主义

知识史经常会被写成一部"胜利"的历史,仿佛人类掌握的各种信息、知识和理论都在不断增长。当然,胜利确实不少,我们很容易就举出像哥白尼、牛顿、达尔文、爱因斯坦以及其他科学家们的发现和理论,或者在人文领域,诸如文本批判主义、比较语言学、释读古代死语言等等,虽然是渐进的过程,但都是了不起的成就。更宽泛而言,很多人认为人性的历史就是一部"集体性知识"

的历史,其中知识不断累积,随着不同文化和人群的相遇,知识传播的范围也越来越广。①

反过来说,我们不能忽视的是,人类在获得知识的同时,也在失去知识。比如当超凡博学的人去世,而其学又没有传人时;又比如档案馆或图书馆被焚毁时。古典时代伟大卓著的亚历山大图书馆毁于火灾,公元前213年中国第一位皇帝秦始皇下令"焚书坑儒",都是最著名的例子。

在历史上的某些时刻、某些地方,知识的失传为数巨大。比如所谓"蛮族"入侵导致罗马帝国陷落之时,古代世界的许多知识就此失传,基督教世界许多"异端"知识此后不再被人重视,原本的那些知识中心也不复存在。在这些"失传"当中包括大量的古希腊文知识,当然还有其他,比如说医学知识。②

尽管知识和学问并不仅限于书本,但是,在中世纪早期欧洲,能够被传播的文本数量之少,可能会让今天的读者们感到吃惊。我们需要想象的是这样一个世界,在那里一个相对较大的图书馆藏书大概只有四百册,甚至更少。公元8世纪的历史学家比德(Bede)是诺森比亚一个修道院的神甫,他在当时被授予特权,能够读到超过三百种书籍。在公元9世纪,赖兴瑙(Reichenau)修道院的图书馆藏书量是四百一十五册,而圣迦尔(St Gall)修道院

---

① D. Christian, *Maps of Time: An Introduction to Big History*, Berkeley CA 2011, 182-184.

② G. Beaujouan, "The dark ages and the remnants of classical science", in R. Taton (ed.), *Ancient and Medieval Science* (1957), English trans. London 1963, 469-473.

第四章 问题与前景

是三百九十五册。理查德·萨森（Richard Southern）在他有关中世纪的著名研究中讲过一个故事，1025年科隆的拉金伯德（Raginbold of Cologne）与列日的拉道夫（Radolf of Liège）通信，其中他们讨论古典时代晚期学者波伊提乌（Boethius）的学问，但两个人都不明白，波伊提乌所说的三角形的"内角"究竟是什么意思。萨森说道："这个例子有力地提醒我们，那个时代所面对的，是广泛的科学无知。"①

从整体上说，我们今日所知的，大大超过拉金伯德和拉道夫，比波伊提乌和亚里士多德也要多不少。然而，这种知识的增长也是有代价的。有些学者曾谈到过"信息过载"，也就是说，大量"未加工的"信息素材的累积，远快于它们被处理并转化为知识的速度。在16世纪，当印刷书籍传播开来后，这种"过载"已经成为时人抱怨的主题之一。②这一问题在当下也变得日益尖锐，本书在之前的篇章就讨论过信息"爆炸"的问题。

无论如何，即使作为整体的人类在今天掌握的知识比过去任何时候都多，对于个体的人而言就未必如此。我们的记忆能力并没有提高，我们也没有比先祖花更长的时间学习，所以，就算我们知晓一些他们不了解的东西，反过来也一样。既而，知识史的研究还必须关注无知、知识的障碍以及知识之间的争斗。历史上曾有很多被认为是知识的东西，最后被抛弃和拒斥，比如炼金术、颅相学等，

---

① R. W. Southern, *The Making of the Middle Ages*, London 1953, 210.

② A. Blair, *Too Much to Know*, New Haven CN 2010.

这些同样不能被忽视。①

（6）建构主义

很长时间里，历史学家和科学家一样，把世界上的知识看成是"许多精确表现的一种组合"。②上文我们曾提到过知识的渐进累积说，而巴什拉、库恩和福柯都反对这一看法。比如巴什拉就曾声称，"没有什么是给定的，一切都是被建构的"。这一取向有时被描述成"建构主义的认识论"，这种"建构"可以是社会层面上，也可以是文化层面上的。法国历史学家夏蒂埃曾经谈到过"从文化的社会史到社会的文化史"这一转变，也正是响应了这一潮流。③

和知识史领域内许多变化一样，这次也是研究科学史的学者首先阐明了这一转变，戈林斯基（Jan Golinski）就说，变化在于如何看待科学知识，之前是将其看成"一种给定自然秩序的显现"，而今则是"人类在特定的物质和文化情境中制作出来的产品"。戈林斯基关注的问题是，某些人在特定地点所做的实验，也就是"物理实验室的地方文化"，如何转变成为被公认普遍有效的自然法则。从特定环境中制造出来的普遍性知识，这一饱含矛盾性的命题启发了最近

---

① 有关这些，更多细节可见 P. Burke, *A Social History of Knowledge* vol. 2, Cambridge 2012, 139-183。

② R. Rorty, *Philosophy and the Mirror of Nature*, Oxford 1980, 163. cf. N. Goodman, *Ways of Worldmaking*, Chicago IL 1978.

③ R. Chartier, *On the Edge of the Cliff*, Baltimore MD 1997.

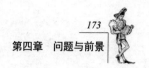

第四章 问题与前景

有关"知识地理学"的很多研究，考察包括地域、网络、植物园等对象。①

在社会科学中，布尔迪厄强调了社会学家自己所处的社会"位置"是如何影响到他对社会的理解。②在人文领域同样也有"建构主义者"——如果可以这么称呼的话，他们更关注的是"发现者"在发现的创造过程中所扮演的主动角色（无论"发现者"本人是否意识到这点）。"发现者"会以自己的方式对所观察的对象进行归类，尤其当"发现者"本人拥有某种权力时，这种"归类"看起来很自然，甚至会为被观察的那些人们所认可。

本书多次提到过，学者所找到的，往往是他们希望找到的东西，他们戴着特定知识范式的有色眼镜去观察这个世界，更不用说有时发挥影响的是一些更粗糙的刻板印象，比如对西方人来说的"东方"（oriental）这个形象。举例而言，许多西方历史学家很熟悉"封建体系"这个观念，他们在印度和日本都"发现"了封建主义，他们为找出了东西方"封建"之间某些特别的相似性而沾沾自喜，却忽视了这些体制之间最重要的差别。

事实上，建构主义得以真正成为学术版图上的一支重要力量，要归功于两本有关科学家的"民族志"著作，其一是拉图尔和伍尔

---

① J. Golinski, *Making Natural Knowledge* (1998), 2nd edition Cambridge 2005, ix and passim; D. N. Livingstone, *Putting Science in its Place: Geographies of Scientific Knowledge*, Chicago IL 2003.

② P. Bourdieu, *Science of Science and Reflexivity* (2001), English trans. Cambridge 2004.

加（Stephen Woolgar）出版于1979年的《实验室生活》（*Laboratory Life*），副标题是"科学事实的建构"，另一本是诺尔塞蒂娜（Karin Knorr-Cetina）的《知识的制造》（*The Manufacture of Knowledge*），1981年出版。有一段时间，尤其是20世纪80年代和90年代，"发明"这个词在学术著作的书名中十分常见，比如研究非洲、西班牙、苏格兰如何被"发明"，当然，对历史学家而言最重要的应该是《传统的发明》（*The Invention of Tradition*）一书。①

在许多学者看来，所谓"发现"或者"客观性"之类的预设过于简单，因而对其进行质疑，这并非没有道理。然而，如以往学术史反复昭示的那样，学术的钟摆往往会从一个极端跳到另一个极端。时至今日，学界的普遍倾向是取其中道。如何取其中道，这也值得讨论。将一物从全然空无中"发明"出来，就像人们去"发现"一些恒久常在的东西一样，都不太符合情理。如果我们要去深究"建构"一词的字面意义，那么就必须注意那些构建过程中利用的原材料。也就是说，往往更值得思考的是"再建构"。

就如本书第二章中讨论过的英属印度的例子，种姓制度并不是被"发现"或者"发明"的，而是被"再建构"的。尼古拉斯·德克士（Nicolas Dirks）曾说，"我们今天所了解的种姓，并不是从古印度存续至今一成不变的东西"，而是"在印度和西方殖民统治接触

---

① E. J. Hobsbawm and T. Ranger (eds.) *The Invention of Tradition*, Cambridge 1983.

后的产物"。① 在这种接触中,英国人可能误读了印度的社会体系,但他们拥有权力,能使这种误读成为新的"现实"。类似的情况也出现在 1066 年后的英格兰,当时诺曼征服者对盎格鲁—萨克森社会复杂的社群区分并不感兴趣,于是他们简单地将其划分为自由农民和农奴这两大类人。

(7) 个体与体系

历史写作既关注社会结构或体系,也关注个体的行动者,两者究竟谁更重要,这是长久延续的争论。社会学和人类学中也有类似的争论。当然,知识史研究也不例外。

从一方面看,巴斯的知识人类学很强调个体行动,"知者"和"知者的行动",也就是抱持、学习、制造和应用知识的人们,还有他们丰富多彩的活动和行为。但另一方面,布尔迪厄在其《学术人》(*Homo academicus*)一书中以极为精彩的方式论证了所谓"知识的秩序"(本书第二章中讨论过)的优先地位,按布尔迪厄的话说,个人所处的学术"场域"的位置以及继承的文化资本,才是更重要的。②

尽管如此,如果我们关注布尔迪厄自身的生平事业(他是法国西南部一名乡村邮递员的儿子,最后到巴黎成为法兰西公学院的教

---

① N. Dirks, *Castes of Mind: Colonialism and the Making of Modern India*, Princeton NJ 2001, 5.

② F. Barth, "An anthropology of knowledge", *Current Anthropology* 43 (2002), 3; P. Bourdieu, *Homo Academicus* (1984), English trans. Stanford 1988.

授），可能会发现他声称的法则也是有例外存在的。本章中已经讨论过很多二分性，如前所述，采取一种中间立场是目前较为多见的，如此便可更好地看清两个对立观点各自的深刻见解以及局限性。

从社会的角度看，一个知识的体系包括可供个体活动的各种角色位置，个体得以展现自我的规则，还有各种知识传播的形式。这个体系可以被想象成一个充满着机遇和限制的网络，当然个体的活动并不总是能发现这些机遇和限制。我们或许可以认为，在特定的知识文化中，成功的个体总是与体系最为适应的。当然要检验这一论断并不容易。从另一方面看，不同的体系也给了不同个体各行其是的空间，区别只在大小，创新行为也有其容身之所。

我们来看一个例子，那就是冷战时期东欧、中欧社会主义国家里的学术体系。当然，更精确地说这是几个不同例子，因为比如说波兰的体制就不如东德那么僵硬死板。所谓"党的路线"的限制对体制内外的人来说一样显著。但不论如何，有些富有创造力的学者不但能够在此等体制中克服重重障碍存活下来，还能做出成绩，赢得国外的声名。这类学者不仅是在受政治干扰较小的自然科学领域，在人文领域也有。例如在苏联，文学理论家巴赫金、民俗学家普罗普（Vladimir Propp）、符号学家洛特曼（Juri Lotman）、历史学家古列维奇（Aron Gurevich）等人，都出版了可传于后世的作品，在本土以及国外——私下里或者公开——都获得了认可。某些知识体制，即使局外人看来铁板一块，其实仍有突破的空间，正如看起来自由度极大的体制其实也可能有限制一样。

第四章 问题与前景

（8）性别

在这个部分讨论"性别"看似有些奇怪，毕竟"男性和女性在知识史中扮演的角色"这更像是一个话题，而不是某种疑问。然而，这个话题当然引出了很多问题，最显著的事实就是，直到最近才有学者开始关注女性在知识史中的地位。这种疏忽当然是和历史学这一学科中男性长期占据的主导地位有关，也缘于从整体上看女性在漫长过去中处于相对"隐形"的状态。

从性别的视角看知识史，我们又回到前一小节讨论的个体与体系关系问题，因为在很长时间里，占统治地位的知识秩序给个体女性留下的空间很小。在19世纪末以前，女性往往被排除在正式的知识机构（比如大学、专业学会）以外。当然，自那以后，女性的智识成长依然面临着许多阻碍，但成功的女学者也开始涌现，比如物理学家居里夫人（Marie Sklodowska-Curie）、精神分析学家克莱茵（Melanie Klein）、古典学家哈里森（Jane Harrison）等。

在1800年以前，女性在某些领域内往往更为活跃，比如"助产婆"或者"神婆"之类的职业。但是口头传播"对知识的传承构成了严重的限制"，尽管历史上千万妇女耗尽一生的时间去实践此类技能。从学术的观点来看，这些女性的专门技能还称不上是知识，而且很快男性便能在相关领域崛起并构成挑战。就举"接生"这个例子，来自男性的挑战早在15世纪就已出现，医师萨沃纳罗拉（Michele Savonarola）在当时就开始研究不育问题，指导怀孕和生育,还就婴儿的健康问题给出建议。① 伍尔夫(Virginia Woolf)曾写过著名的文章,其中虚构了一位"莎士比亚的妹妹",按此思路,我们可以想象一位"牛顿的妹妹",她富有才华和好奇心,但却得不到兄长那样的机会。

尽管如此,某些时候女性确实还是有在幕后活动的机会。在1800年以前,有极少杰出的女性曾经游历世界、探寻知识,比如18世纪赴苏里南考察的德意志自然学家玛丽·梅里安(Maria Sibylla Merian),相比她的男性同行,梅里安对那些能够有助于避孕和堕胎的植物更感兴趣,她从当地的女性奴隶那里获取了很多此类信息。② 然而,直到20世纪晚期,这类"幕后"的活动才真正被社会史家们加以认真对待。

本书第一章曾经谈到,20世纪70年代以来的女性主义浪潮对知识社会学也产生了影响。在前面的章节里我们主要从社会分层的角度来谈"知识在情境中",而多娜·海拉维(Donna Haraway)和其他学者则是从"性别"的角度来谈。③ 近期有关女性在不同时间、地点和领域内对知识增长所做的贡献,出现了一系列研究,其中大多数来自女性学者。有些研究主要关注那些想成为学者的女性会遭遇的阻碍,比如杰梅茵·格里尔(Germaine Greer)有关女性画家的研

---

① K. Park, *Secrets of Women: Gender, Generation and the Origins of Human Dissection*, New York 2010.

② L. Schiebinger, "Nature's unruly body", in J. Bender and M. Marrinan (eds.) *Regimes of Description*, Stanford 2005, 35.

③ D. Haraway, "Situated knowledges", *Feminist Studies* 14 (1988), 575-579.

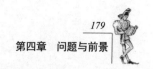

第四章 问题与前景

究:《障碍竞争》(*The Obstacle Race*,1979);另一些论著则讨论女性在知识史中所做的积极贡献。

当然,在安·施泰尔(Ann Shteir)有关19世纪英格兰女性植物学家的研究当中,以上这几点都得到生动展现。收集植物,尤其是花卉,被认为是一种贵妇式的喜好,同样的还有绘画和书写植物,尤其是为儿童写作。当时植物学被认为是一般"自然历史"的组成部分,而女性作为业余者参与其中并不构成问题。但是,在1830年之后,由于"植物学文化"变得更为专业化、科学化,逐渐转变成了一门学科,这个领域也就变得"去女性化"。甚至是作为科学研究者的女性也被边缘化了,比如易蓓森(Agnes Ibbetson)曾经发表过有关植物生理学的论文,还勇于批评她同行的研究,但她在其男性同行中只得到了"可怜的"一点回应。①

从这个角度去看,历史书写本身也能被重审。邦尼·史密斯(Bonnie Smith)有一段很著名的论述:"现代科学方法论的发展、认识论、职业实践和写作,所有这些都与对男性气质和女性气质的不断定义紧紧联系在一起。"②史密斯区分了三种不同的女性历史学家群体,其一是业余者,比如斯崔克兰姐妹(Agnes Strickland 和 Elizabeth Strickland),他们共同写了英格兰诸女王的生平;又如朱莉

---

① A. B. Shteir, *Cultivating Women, Cultivating Science*, Baltimore MD, 1996.

② B. G. Smith, *The Gender of History: Men, Women and Historical Practice*. Cambridge MA 1998, 1.

娅·卡特赖特(Julia Cartwright),她为伟大的"文艺复兴女性"伊莎贝拉·德斯特(Isabella d'Este)著写传记。第二种是助手型,她们帮助更为著名的男性历史学家开展研究,比如露茜·法尔伽(Lucie Varga)协助吕西安·费弗尔;有时她们与男性史家一同著书,但获得的声誉却更少,比如玛丽·比尔德(Mary Beard)与她的丈夫查尔斯·比尔德(Charles Beard)合著《美国文明的兴起》(*The Rise of American Civilization*, 1927)。至于第三种,她们也是职业史家,但往往获得升等的时间更长或机会更少,这里包括那些成就卓越的学者,比如中世纪史专家艾琳·鲍尔(Eileen Power),她是最早在伦敦经济学院荣任教授(1931)的女学者之一,鲍尔是《中世纪人》(*Medieval People*, 1924)的作者,她的另一本书《中世纪女性》(*Medieval Women*)的出版过程耗时良久,在作者去世三十五年后的1975年才得以面世。

本书第一章中谈到过"女性认知方式"问题,从这个角度去看,我们应该注意到,在经济史和日常生活史这些领域内,女性学者的贡献尤其卓著。除了鲍尔的论著,我们还能举出爱丽丝·克拉克(Alice Clark)的开创性研究《17世纪女性的工作时光》(*Working Life of Women in the Seventeenth Century*, 1919),还有露茜·萨尔蒙(Lucy Salmon)的研究,萨尔蒙从1889年至1927年在瓦萨学院(Vassar College)担任教授,按照史密斯的说法,萨尔蒙"教导学生放开视界,注意运用那些看似底层的史料。比如铁路运营时刻表、洗衣单、垃圾桶、厨房用品、树木栽种的位置,还有城市空间中房

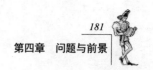

第四章 问题与前景

屋的状况,这些都包含着重要的历史信息"。①

2. 前景

最后我们讨论"可预见的未来"——换言之就是较近的未来,我确信,人们对于知识在各种不同史学分支中的地位会愈发强调。一些经济史家已经在这个方向上做出努力,比如戴维·兰德斯(David Landes)写了一部谈西方如何兴起的经济史,他将这种兴起的核心原因解释成是"运用知识与科学并将其转化为技术"的结果。在他的著作中,他反复地强调"知识与技术的累积",以及向竞争对手学习的重要性,例如19世纪的日本人擅长此道,但同时期的法国人却没有做到。②

在军事史领域里,彼得·帕芮特(Peter Paret)讨论了战争中的所谓"认知挑战",他研究的是,克劳塞维茨如何针对1806年普鲁士被拿破仑打败而发展出一套军事理论。③另一方面,在政治思想史领域内,政治知识是如何支撑那些思想家的归纳和建议,这一点学者们还关注较少,某些政治思想家们——比如亚里士多德或者让·博丹(Jean Bodin)——收集了大量有关各种政治体制的信息,

---

① Smith, *Gender of History*, 207.

② D. Landes, *The Wealth and Poverty of Nations*, New York 1998, xix, 200, 470, 472; P. O'Brien, "Historical foundations for a global perspective on the emergence of a West European regime for the discovery, development and diffusion of useful and reliable knowledge", *Journal of Global History* 8 (2013), 1-24.

③ P. Paret, *The Cognitive Challenge of War: Prussia 1806*, Princeton NJ 2009.

但另外一些人，比如马基雅维利更关注的是政治生活中个体的体验。

在知识史内部，我认为在未来几十年里有三个取向会变得越来越重要，一是全球史的取向，二是社会取向，三是对更长时段的关注。

和整体上的历史学一样，我们可以看到一个全球转向正在发生，它试图超越对地球上某个特定部分的研究——比如印度或中国，它主要围绕的问题不是西方知识的传播或者殖民主义（这是较近的话题），而是相遇、碰撞、转译和杂化。近期有些研究聚焦的是"移动中的知识"——通常是长距离的移动。① 和知识史以往的变化一样，这一次又是科学史家们引领风气，当然，史学史的研究者们同样不甘其后。② 相隔遥远的不同文化间的比较，比如古希腊和古代中国，某种程度上也符合这一潮流。

我们同样可以看到一个社会转向，这其中就包括新的自下而上的知识史，比如说，相较于关注政府，它更关注被统治的人们如何利用信息，或者是以特定的方式选举，或者是组织抗议，甚至发起革命。社会取向的另一方面，实际上也是今日很常见的倾向，就是对日常生活知识更为关注，包括我们在第二章中讨论过的默会知识，这一取向不仅关注诸如金属制品之类的手工业，还包括外交、

---

① K. Park and A. Ragab, *Knowledge on the Move*, 这是在哈佛大学教的一门课程。2010年在海德堡大学，另两位学者 J. Kurtz 和 M. Hofmann 也讲授过同名的暑期研习课程。

② S. Sivasundaram, "Sciences and the global", *Isis* 101 (2010), 146-158; D. Woolf, *A Global History of History*, Cambridge 2011.

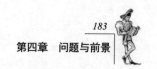

第四章　问题与前景

贸易、行业鉴定、管理、体育运动等各种领域。举体育运动为例，有的人类学家研究拳击和巴西战舞（capoeira 卡波耶拉舞），而其田野工作就是接受相关运动的训练，无疑这能给历史学家带来很多启示。① 教练如何把默会型知识转变成可供言传的明晰知识，这样一些问题或许在将来会成为学者新的关注。

在不远的将来，我们也许会看到更多学者从超长的时段来研究"人性"，更多人试图去回答"大历史"的倡导者们提出的问题："知识的收集和分享究竟是如何造成了长时段的变化，从而将人类的历史与其他相近物种的历史区分开来？"② 大卫·克里斯蒂安（David Christian）曾经论述过一个纲要，比如他说过，人口越来越密集的定居点会带来农耕的发展，进而导致"更频繁的观念交流"，③ 如今的挑战就在于，如何把这纲要填补得更为丰满。一种应对挑战的方式可以被称为"认知的历史"（cognitive history）。"认知的历史"听上去就像是"集体心态史"换了一个名字，但它关心的是一个比法国年鉴学派的"长时段"更为绵长的时间段，要用"千年"来衡量，而不是"世纪"。在这个方向上，历史学家们要有所创见，就需要考古学家的帮助，这就是字面意义上的"知识的考古学"（不是福柯那个意义上的）。考古学家们一直以来就对重建史前时代的知识很感兴

---

① L. Wacquant, *Body and Soul: Notebooks of an Apprentice Boxer*, New York 2004; G. Downey, *Learning Capoeira: Lessons in Cunning from an Afro-Brazilian Art*, Oxford 2005.

② Christian, *Maps of Time*, 182.

③ 同上书，207, 306。

趣,那是在书写系统发明之前,研究者们利用的是物质遗存资料。他们当然关注那些转折时刻,比如人们开始运用语言、开始绘画或者雕刻、开始在精心制造的墓穴中埋葬死者遗体等。在他们试图重建史前世界的知识和思维方式的过程中,考古学家们开始采取一种智识上的"减法",也就是说,把晚近的知识"排除出去"。①

本书第一章里曾谈到,晚近有些考古学家们开始转向人类学,因为很多人类学家研究的是小型的、技术简单的社会,有些人还借助认知科学来研究所谓"表现性认知"。同样,考古学家们也利用认知科学的最新成果来追寻"古老的心灵",即从事一种"认知考古学"实践,主要的倡导者包括科林·伦福儒(Colin Renfrew)等人。② 以这种取向去研究较晚历史的例子很少,我们能提到的就是有学者试图以认知研究的方式去考察近代早期英格兰"记忆"的历史,主要关注的是宗教和教育领域。③

那么,未来的知识史学者会不会利用认知科学甚至神经科学来开展研究,这个问题很难回答。对于那些志在"大历史"或"深历史"的写作者,关心的是十万年甚至更长时间,那么"认知进化"的概念对他们很有用。这里的术语"进化"是达尔文意义上的,指

---

① V. G. Childe, *Social Worlds of Knowledge*, London 1949.

② T. Marchand, "Embodied cognition: Studies with British fine woodworkers", *Journal of the Royal Anthropological Institute* (2010), 100-120; C. Renfrew and E. Zubow (eds.) *The Ancient Mind: Elements of Cognitive Archaeology*. Cambridge 1994.

③ E. B. Tribble and N. Keene, *Cognitive Ecologies and the History of Remembering*, Basingstoke 2011.

第四章 问题与前景

大脑体积的增大、自然选择带来的认知能力的成长,同时"进化"也成为一条红线,贯穿了漫长而复杂的人类历史:从猿进化到"能人"(*Homo habilis*,生活在两百七十万年前,已能使用工具),再演变为"直立人"(*Homo erectus*,能直立),最后成为"智人"(*Homo sapiens*)。①

当然,对最近五百年的研究实际上集中了最多的历史学家,在这个"近代"领域里,史学和认知科学能否建立联系,这个问题颇具争议。当然,在我看来,即使是"近代历史"的研究里,学科的交流也可能产生丰硕的成果。在知识史领域里,值得一提的是认知心理学成果与研究记忆问题的口述史家之间的合作。比如说,在1986年"挑战者号"航天飞机爆炸事故发生后,一位心理学家做了一个实验,他两次询问了同一组人对这次事件的记忆,一次是在事故发生的第二天,另一次是在三年以后。他发现了这一组人两次叙述间都存在很大差异,以此来表明记忆本身的不可靠性。②

口述历史学者也曾不止一次地采访同一见证者,以此来研究他们的记忆是如何随着时间流逝而变化的,变化程度又有多大。其实不同学科的研究者们可以相互学习,心理学家更擅长解释为什么我们的记忆会发生变化;而历史学家的长处在于解释记忆如何发生变

---

① Christian, *Maps of Time*; D. L. Small, *On Deep History and the Brain*, Berkeley CA 2008; G. E. R. Lloyd, *Cognitive Variations: Reflections on the Unity and Diversity of the Human Mind*, Oxford 2004.

② U. Neisser and R. Fivush (eds.) *The Remembering Self: Construction and Accuracy in the Self-Narrative*, Cambridge 1994, 6.

化,其中主要是记忆的"神话化"过程,在特定的文化里,流行的公众话语会歪曲基于个体体验的记忆。例如,参加过一战的澳大利亚士兵,他们对那场战争的记忆,后来会受到电影和电视片的影响而发生改变。①

历史学家喜欢说的话是:关于未来只有一点是确定的,那就是它会和当前所有的预测都不一样。尽管如此,无论知识史研究在未来几十年里会产生哪些新潮流,我们这个"知识社会"里的人们对于知识史本身的兴趣仍将不断增大。

---

① A. Portelli, *The Death of Luigi Trastulli and Other Stories: Form and Meaning in Oral History*, Albany NY 1991; A. Thomson, *Anzac Memories: Living with the Legend*, Melbourne 1994.

进一步阅读书目

首先，关于近两千年的知识史，有一本简短而生动的导论书籍：I. F. McNeely and L. Wolverton, *Reinventing Knowledge: From Alexandria to the Internet.* (New York, 2008)。至于最近五百年的知识史，可参考 Peter Burke, *A Social History of Knowledge from Gutenberg to Diderot* (Cambridge, 2000) 以及 *A Social History of Knowledge from the Encyclopédie to Wikipedia* (Cambridge, 2012)。

来自其他学科的一些有关"知识"的研究对历史学家也很重要，J. Nagel, *Knowledge* (Oxford, 2014) 一书简明扼要地阐述了有关知识论的问题。Karl Mannheim, *Essays on the Sociology of Knowledge*（英译本 1952 年在伦敦出版）是基本读物，尤其是其中的第四章"知识社会学问题"。关于福柯，在研读 *The Order of Things*（英译本 1970 年在伦敦出版）以了解他的"知识考古学"之前，最好先读一本他的访谈集：*Power/Knowledge* (Brighton, 1980)。Donna Haraway 的论文"Situated Knowledge"最早发表在 1988 年的 *Feminist Studies* 第

14卷，第575页至599页。Bruno Latour有关"计算中心"的讨论可以参考他的著作 *Science in Action* (Milton Keynes, 1987)。Bourdieu晚年对知识问题的反思可见 *Science of Science and Reflexivity*（英译本2004年在剑桥出版）。D. Livingstone, *Putting Science in its Place* (Chicago, 2003) 一书清楚地阐述了一种"地理取向"。有关人类学的观点，可参考F. Barth, "An anthropology of knowledge", *Current Anthropology*, 43 (2002), pp.1-11.

其他各个主题的建议阅读书目，可参考本书的注释。

时间表：
知识研究重要著作和大事年表

1605	Francis Bacon, *Advancement of Learning*
1718	Stolle, *Anleitung zur Histoire der Gelahrtheit* (Introduction to the history of learning)
1781	Meiners, *Geschichte des Ursprungs, Fortgangs und Verfalls der Wissenschaften in Griechenland und Rom* (History of the origin, progress and decline of the sciences in Greece and Rome)
1795	Condorcet, *Esquisse d'un tableau historique des progrès de l'esprit humain* (Sketch for an historical picture of the progress of the human mind)
1832	Comte asked Guizot to found a chair in history of science
1873	Candolle, *Histoire des sciences et des savants* (History of the sciences and scientists)
1892	Chair in the history of science, Collège de France
1923	History of Science Society, USA
1925	Mannheim, 'Das Problem einer Soziologie des Wissens' (The problem of a sociology of knowledge)
1926	Scheler, *Die Wissensformen und die Gesellschaft* (Forms of knowledge in society)
1935	Fleck, *Entstehung und Entwicklung einer Wissenschaftlichen Tatsache* (Genesis and development of a scientific fact)

1938	Merton, *Science, Technology and Society in Seventeenth Century England*
1957	Le Goff, *Les intellectuels au moyen age* (The intellectuals in the Middle Ages)
1960	Popkin, *History of Scepticism*
1962	Machlup, *The Production and Distribution of Knowledge in the United States*
1966	Foucault, *Les mots et les choses* (The order of things)
1969	Foucault, *L'archéologie du savoir* (The archaeology of knowledge)
1974	Detienne and Vernant, *Les ruses de l'intelligence* (Cunning intelligence in Greek culture and society)
1976	Foucault, *La volonté de savoir* (The will to knowledge)
1978	Edward Said, *Orientalism*
1979	Bruno Latour/Steve Woolgar, *Laboratory Life*
1979	Oleson and Voss, *The Organization of Knowledge in Modern America*
1983	Shapiro, *Probability and Certainty in Seventeenth-Century England*
1985	Shapin and Schaffer, *Leviathan and the Air-Pump*
1988	MacLeod, *Government and Expertise*
1988	Haraway, 'Situated knowledges'
1989	Schiebinger, *The Mind has no Sex?*
1989	Brown, *Knowledge is Power*
1992	Ringer, *Fields of Knowledge*
1994	Shapin, *A Social History of Truth*
1996	Bayly, *Empire and Information*
1996	Cohn, *Colonialism and its Forms of Knowledge*
1997	Worsley, *Knowledges: What Different Peoples Make of the World*
1998	Golinski, *Making Natural Knowledge*
1998	Poovey, *A History of the Modern Fact*
1999	Dooley, *The Social History of Skepticism*
2000	Burke, *A Social History of Knowledge from Gutenberg to Diderot*
2000	Mignolo, *Local Histories/Global Designs*
2000	Lander, *La colonialidad del saber* (The coloniality of knowledge)
2000	Chandler and Cortada, *A Nation Transformed by Information*
2000	Pickstone, *Ways of Knowing*

2000	Shapiro, *A Culture of Fact*
2001	Zedelmaier and Mulsow, *Die Praktiken der Gelehrsamkeit in der Frühen Neuzeit* (Learned practices in early modern Europe)
2001	Headrick, *When Information Came of Age*
2002	Lloyd, *The Ambitions of Curiosity*
2004	Van Dülmen and Rauschenbach, *Macht des Wissens* (The power of Knowledge)
2004	Higgs, *The Information State in England*
2004	Kenny, *The Uses of Curiosity*
2005	Daunton, *The Organization of Knowledge in Victorian Britain*
2005	Van Damme, *Paris, capital philosophique* (Paris, the capital of philosophy)
2006	Berry, *Japan in Print*
2007	De Vivo, *Information and Communication in Venice*
2007	Jacob, *Lieux de Savoir* (Realms of Knowledge)
2007	König and Whitmarsh, *Ordering Knowledge in the Roman Empire*
2008	Gardey, *Écrire, calculer, classer* (Writing, calculating, classifying)
2008	Romano, *Rome et la science moderne* (Rome and modern science)
2009	Brendecke, *Imperium und Empirie* (Empire and empiricism)
2009	Lloyd, *Disciplines in the Making*
2009	Soll, *The Information Master*
2010	Blair, *Too Much to Know*
2010	Bod, *De Vergeten Wetenschappen* (The forgotten sciences)
2010	Daston and Galison, *Objectivity*
2011	Daston and Lunbeck, *Histories of Scientific Observation*
2011	Huff, *Intellectual Curiosity and the Scientific Revolution*
2011	Friedrich, *Der Lang Arme Roms?* (The long arm of Rome)
2012	Burke, *A Social History of Knowledge: From the Encyclopaedia to Wikipedia*
2012	Mulsow, *Präkares Wissen* (Precarious knowledge)
2013	Fischer-Tiné, *Pidgin-Knowledge*
2014	Turner, *Philology*